現代宗教研究会

「幸福の科学」はどこまでやるのか

わずか20数年で世界規模になった宗教の真実

はじめに

一九八六年に立宗《りっしゅう》された「幸福の科学」。そのわずか五年後に開催された大川隆法総裁の講演会では、収容人数五万五千人の東京ドームを満杯に埋め、戦後最大規模の宗教となっていた。その破竹《はちく》の勢いは、「幸福の科学現象」とも呼ばれたほどで、一つの社会現象となった――。

その後も伝道活動によって着々と信者数を伸ばし、支部や精舎と言われる活動拠点が次々と建てられている。

さらに、同教団は、政治や教育等にも進出している。二〇〇九年に「幸福実現党」を立ち上げ、政治活動を開始。また、二〇一〇年には栃木県の那須に「幸福の科学学園中学校・高等学校」を設立し、続く一二年には、滋賀県に同学園の関西校も設立している。しかも、一五年には、千葉県に「幸福の科学大学」までも設立する予定だという。

また、近年、注目を集めているのが「霊言」だ。収録映像が公開された上で書籍化され、ほぼ週二冊程度のペースで続々と発刊され続けている。

一体、幸福の科学はどこまでやるのか――。今回、教団外部の有識者や、大川総裁のかつての同級生、信者、教団職員など、計三十四名へのインタビューを敢行し、この疑問の答えを探った。したがって、本書は、あくまでも、同教団が「どういう組織で、どういう主張・活動をしているのか」ということを、生の資料として提供することを主意としている。

現代宗教研究会

『幸福の科学』はどこまでやるのか

contents

第五章

止まらない新宗教「幸福の科学」

創部三年のチアダンス部が世界大会へ

創部三年で全国大会優勝――。

二〇一三年一月十二日、全国から七十七チームの中学生・高校生たちが集い、「ダンスドリルウィンターカップ2013」が開催された。「ダンスの甲子園」と言える、この大会で、創部わずか三年の中学生チームが、「中学生POM」優勝、「中学部門」総合優勝という快挙を成し遂げ、世界大会への切符を手に入れた。

そのチームの名は、幸福の科学学園中学校チアダンス部「ゴールデン・グリフィンズ・ジュニア」。彼女たちの活躍の模様は、テレビ番組「ダンス！ 乙女たちの青春～本場アメリカに挑む～」(BS-TBS／全国放送)で取り上げられている。

その番組のなかで、冒頭の目標を掲げ現実のものとした、顧問の桜沢正顕《まさあき》さん（当時四十三歳）は、勝因を次のように語っている。

「大きな目的を定め、その目的に向かって、みんなが一つになれたのが強かったと思います。また、この学校は、『勉強や部活動など、すべての活動に全力投球し、そのなかで、多くの人を導くリーダーに成長していく』ことを生徒に求めています。ですから、『卒業後、日本や海外で活躍できる世界的な人材となりたい』と本気で思っている子供たちが集まっています。彼女たちが一つになれたのも、『何らかの役に立ちたい』『世の中に何か差し出したい』という大きな志があったからでしょう」

また、リーダーの神野杏奈《じんのあんな》さん（当時、中学三年生）も、「世界のレベルにはまだ辿《たど》り着いていないとは思っているけれど、『感謝の気持ちを伝える』という思いの面では自信があったので、その点で評価されたのではないでしょうか」と述べた。

部員は二十三名。補欠はいない。常に全員参加で、一人でも欠けるとフォーメーションが成立しない。世界大会に向けて、練習もハードになっていくなか、一人の生徒が靭帯《じんたい》を切ってしまった。医者には松葉杖《まつばづえ》を勧められたが、テーピングで足を固定し、練習に出る。

「痛みはあるけど、みんな頑張ってるから、抜けるわけにはいかない」と菅生《すごう》礼愛《あやめ》さん（当時、中学三年生）は言う。

うまくできない自分にもどかしさを覚え、泣きながら練習する生徒もいる。高《たか》柳《やなぎ》風《ふう》子《こ》さん（当時、中学二年生）は、「私たちの学校は、多くの方々の寄付で支えられています。だから、その感謝を伝えたい。でも、言葉でなく体で表現して思いを伝えるのは、思った以上に難しくて悔しいです」と、その涙の理由を明かした。

そうして、一人ひとりがそれぞれの限界を乗り越えて迎えた世界大会は、日本からは唯一の中学生チームとして出場し、見事、準優勝を果たした。しかも、優勝チームとのポイント差は0・5ポイントという僅差《きんさ》での準優勝だった。

大会後、神野さんは、「これからも、もっと感動や笑顔を与えられるよう、頑張っていきます」と笑顔で答えた。

彼女たちは、なぜそこまで頑張れるのか。学園にある創立記念碑には、創立者である大川隆法総裁の言葉が刻まれている。

「私は、教育が人間を創ると信じている一人である。若い人たちに、夢とロマンと、精進、勇気の大切さを伝えたい。この国を、全世界を、ユートピアに変えていく力を出してもらいたいのだ」

この創立者の思いが、幸福の科学学園の全校生徒、教師に浸透しているからなのだろう。

多角化する幸福の科学グループの事業

この幸福の科学学園の母体となっているのが、宗教法人幸福の科学である。近現代に入り、いわゆる「新宗教」が乱立したなかで、一九八六（昭和六十一）年立宗《りっしゅう》という後発の宗教でありながら、立宗からわずか五年で戦後最大規模の宗教と化した。そして今や、全世界百カ国以上、約千二百万人の信者を擁するまでに成長し、進化を続けている。この巨大教団は、一体何を目指し、どこへ向かおうとしているのか。

幸福の科学グループの事業は宗教の枠にとどまらない。

一九八七年に、幸福の科学出版株式会社を設立。大川総裁の著作をはじめ、月刊雑誌「ザ・リバティ」「アー・ユー・ハッピー?」や一般書、コミック、電子書籍などを出版するとともに、映画の製作も行っている。映画は、大川総裁の製作総指揮により、一九九四年からこれまでに八作の映画を製作。また、二〇一二年には銀座にブックカフェ、二〇一三年には赤坂に書店「BOOKS　FUTURE赤坂店」も開いている。

メディア文化事業としては、映画のほかに、ラジオ番組「天使のモーニングコール」を制作。一九九一年に始まった同番組は、二十年以上にわたり全国のファンに愛されながら続いている。また、独自の取材を重ねる、インターネット番組「THE　FACT」も注目を集めているようだ。

二〇〇九年には、「幸福実現党」を立党。政治の世界にも足を踏み入れ、四度の国政選挙を戦い抜いた。また、政治家や経営者の養成を目的として、二〇一〇年に「HS政経塾」を設立している。

また、教育事業にも力を入れ、同二〇一〇年には、幸福の科学学園中学校・高

宗教法人幸福の科学 基礎データ（2013年12月現在）

信 者 数：約1,200万人（海外含む）
本　　尊：エル・カンターレ
創 始 者：大川隆法
根本経典：『仏説・正心法語』
立　　宗：1986年10月6日
（1991年3月7日 宗教法人格取得）

国内支部・拠点数：約600カ所
国 内 布 教 所 数：約10,000カ所
海外支部・拠点数：約100カ所

大川隆法（おおかわ・りゅうほう）

- 幸福の科学グループ創始者 兼 総裁。
- 1956年7月7日、徳島県生まれ。
- 東京大学法学部（政治学科）卒。
  大手総合商社で財務や外国為替等に従事。ニューヨーク本社勤務時に、ニューヨーク市立大学大学院で国際金融論を学ぶ。
- 81年3月、大悟し、人類救済の大いなる使命を持つ「エル・カンターレ」であることを自覚。
- 86年10月、「幸福の科学」を設立。同年11月、「幸福の科学発足記念座談会」を開く（初転法輪）。
- 91年7月、東京ドームにて、初の「御生誕祭」を挙行し、「エル・カンターレ宣言」を行う。
- 全国および海外に数多くの精舎を建立し、講演会を開催するなど、精力的に活動を展開。
  著作は27言語に翻訳され、発刊点数は全世界で1500冊を超える(2014年3月現在)。年間書籍発刊点数のギネス世界記録を保持し、著作の多くはベストセラー、ミリオンセラーとなっている。
  1994年から2012年までに8作の映画を製作総指揮。
- 2009年、「幸福実現党」を立党。現在、党総裁。
- 10年、「HS政経塾」を開塾。現在、同塾名誉塾長。
- 10年、幸福の科学学園中学校・高等学校（那須本校）を開校。
- 13年、幸福の科学学園関西中学校・高等学校を開校。
- 15年、幸福の科学大学（仮称）を開学予定。

等学校（那須本校）を開校、その三年後には滋賀県に幸福の科学学園関西中学校・高等学校を開校。両校とも、学力、部活動ともに輝かしい実績を数多くあげている。さらに二〇一五年には、千葉県に幸福の科学大学を開学させる予定だという。

教育支援活動としては、信者子弟を対象とした信仰教育スクール「仏法真理塾サクセスNo.1」を全国百六十五カ所以上に、幼児を対象とした情操教育機関として「エンゼルプランV」を全国二十カ所以上に展開。不登校児支援スクール「ネバー・マインド」や、障害児支援のボランティア運動（ユー・アー・エンゼル！運動）にも取り組んでいる。

そのほか、「自殺を減らそうキャンペーン」といった自殺防止活動や、いじめ防止活動として「いじめから子供を守ろうネットワーク」の支援を行い、社会問題にも取り組む。

さらに、国内外を問わず、大災害時の救援活動にも積極的だ。一九九五年の阪神・淡路大震災では、のべ二万人の信者ボランティアと医療チームによる大規模な救援活動を展開。二〇一一年の東日本大震災では、現地支部を通じて、被災者や避難所に、食糧や水、ストーブなどの救援物資を届けた。幸福実現党からは各自治体に義援金の寄付を行い、幸福の科学出版からは、映画「ファイナル・ジャッジメント」の収益の一部をロケ地となった福島県いわき市に寄付している。

また、フィリピンの大型台風をはじめ、四川《しせん》大地震、ミャンマーのサイクロン被害、スマトラ沖地震、ハイチ大地震、メキシコの豚インフル

幸福の科学の宗教施設

正心館《しょうしんかん》・精舎《しょうじゃ》

国内24カ所、海外3カ所
(2014年3月時点)

国内外に広がる教団自前の大型研修施設。1997年に初の精舎である総本山・正心館（写真）が落慶。幸福の科学の教義に基づいた公案研修や瞑想修行などに取り組める。休館日を除けば誰でも自由に参拝や見学が可能。

公式サイト http://www.shoja-irh.jp/

支部・拠点

国内外にある幸福の科学の活動における中心的な施設。職員や在家信者が施設の責任者である「支部長」を務め、大川総裁の法話・霊言の拝聴会や、祈願式典などの宗教行事、地域とのふれあい行事等を開催している。信者・非信者問わず参拝でき、平日でもさまざまな年齢層の人が集まる。

エンザ、ウガンダ土砂災害などの際にも、義援金や物資の寄付、学校の再建などの支援を行った。

海外での教育支援にも力を入れる。ユネスコ「世界寺子屋運動」、国際協力機構（JICA）「世界の笑顔のために」プログラムを通じて途上国の教育支援に貢献しているだけでなく、独自でも、タイやネパール、ウガンダ、インドのブッダガヤ、デリー、オーランガバードなどで、教材の寄贈や校舎修復などの支援を行っている。

人種差別問題にも取り組み、二〇一三年には「HSネルソン・マンデラ基金」を設立。差別や貧困、政治弾圧で苦しむ人々に対する支援活動を始めている。

二十年以上前から注目していた海外メディア

これほど多岐にわたる事業を展開している幸福の科学が宗教法人格を取得したのは一九九一年三月だ。海外メディアでは、そのときからすでに幸福の科学を取り上げている。

一九九一年十二月七日付の英紙フィナンシャル・タイムズでは、「Japan bows to a new god（日本は新しい神の前に跪《ひざまず》いた）」というセンセーショナルな見出しとともに、大川総裁の写真入りインタビュー記事が掲載された。同インタビューでは、「宗教と富とは、必ずしも相対立するものではない」という見解や、「これからの時代は宗教戦国時代となり、真に正しいものが明らかにされる」「二〇二〇年以降はゴールデン・エイジが始まる」など、教団発足当時から現在に至るまで揺るがない幸福の科学の主張が語られている（『フランクリー・スピーキング』〈幸福の科学出版〉参照）。

宗教法人格を取得した年の時点で、国際的にも有名な大手紙は、大川総裁が日本の新たな宗教指導者だと認識していたのだった。

PERSPECTIVES

Japan bows to a new god

'The movement's wealth has been a distraction from the happiness message'

1991年12月7日付
「フィナンシャル・タイムズ」より

有識者の注目や期待の声も

日本でも教団外部の有識者の注目や期待の声が集まっている。例えば、幸福の科学出版が発行する月刊「ザ・リバティ」や幸福実現党が出版した書籍には次のようなコメントが寄せられている。

・「（大川総裁の書籍は）ジャーナリスティックですよね。絶妙のタイミングで出てくる。我々がやりたいと思っているようなことを霊言にしてるんですから」（月刊「WiLL」編集長・花田紀凱《かずよし》）

・「幸福実現党でお会いする方々は、みなさん非常に熱心だなと感じます。こうした熱心さは宗教心を持っているがゆえだと思いますね。私は、幸福実現党は議席を獲得するべきだと思っています」（評論家・黄文雄《こうぶんゆう》）

・「いつも幸福実現党の公約は素晴らしいと思っています。幸福実現党は他の政党が言わないことを大胆に言います」（外交評論家・加瀬英明）

・「幸福実現党の国防政策は三百パーセント賛成です。一番評価したいのが、『憲法九条を改正する』『防衛体制を築く』など国家観、国家戦略を旗幟鮮明《きしせんめい》に打ち出しているところです」（評論家・石平《せきへい》）

・「ようやく都市型保守政党が誕生する——国防や憲法など個人的には意見の異なる部分もありますが、幸福実現党の政策提言を見て、こんな期待感を持ちました」（ジパング経営企画室シニアアナリスト・増田悦佐《えつすけ》）

・「幸福実現党の政策では、『ゆとり教育の完全転換』『塾にたよらない学校』とうたっていますが、これはとてもいい政策だと思います」（中京女子大学名誉教授・加藤十八《じゅうはち》）

・「信念、哲学を貫ける人が国政にどうしても必要です。その点、幸福実現党には期待しています」（明海大学名誉教授・杉山徹宗《かつみ》）

・「個人の損得を超えて、より崇高なところから自分を照らしてみて、何をすべきかを判断することです。それができる人が、政治のリーダーシップを発揮しなければなりません。その意味で、宗教をバックボーンとした新たな政党が出てきたことは、歴史の必然かもしれません」（国際未来科学研究所代表・浜田和幸）

・「映画『ファイナル・ジャッジメント』では日本が侵略された未来を描いていますが、これは十分に起こり得ることです」（評論家・日下公人《くさかきみんど》）

・「この映画（同右）は、今、日本が直面している危機、日本人が気づくべき重要なメッセージを伝えていると思います」（世界ウイグル会議日本全権代表・イリハム・マハムティ）

・「私は日本で、中国に侵略された母国・南モンゴルでの弾圧の状況を訴えていますが、『今、日本も何か手を打たなければ、本当にこの映画（同右）のようなことが起きます』と言いたい」（モンゴル自由連盟党幹事長・オルホノド・ダイチン）

「宗教」と「科学」は共存できるか

佐々木俊尚《としなお》×林洋甫《ようすけ》ガチンコ対談

多くの有識者が幸福の科学に対してさまざまな反応を示しているわけだが、ジャーナリストの佐々木俊尚《としなお》氏もまた、幸福の科学に注目している一人だ。佐々木氏は、ITの分野を中心に、社会にさまざまな問題提起をしている。今回、佐々木氏と、幸福の科学の若手理事である林洋甫《ようすけ》氏に、「宗教と科学の共存」について、その可能性を語り合ってもらった。

※本対談の内容は、二〇一三年十一月二十二日に行われた『公開霊言 スティーブ・ジョブズ 衝撃の復活』出版記念「ガチンコ対談セミナー」の内容を一部抜粋、編集したものです。

宗教の組織構造はSNSに馴染《なじ》まないのか

林　今回、「宗教と科学」をテーマに対談させていただきますが、私は幸福の科学の職員として、宗教に対する偏見や拒絶反応は、まだまだ大きいのかなと感じます。

佐々木　そうですね。「新宗教」というと、十八年前の「オウム真理教事件（※1）」の影響が非常に大きい。当時、僕は新聞記者で、ずっと取材していたので鮮明に覚えているのですが、これと統一協会の事件（※2）によって、新宗教に対する拒否反応が非常に高まったと言えます。

遡《さかのぼ》りますが、一九四五年以降、農地解放や高度経済成長によって戦前の農村共同体が崩壊し、地方にいた若者たちが集団就職で上京してきました。彼らは共同体から切り離され、アパートには仏壇もなく、依《よ》るべきものがなくなった。そんな若者たちを包摂する一つの構造としてできたのが、創価学会と日本共産党でした。

その後、企業社会が日本全体を覆い、そうした政治や宗教に頼らずとも社会が構築されるという状況が何十年も続きました。しかし、二〇〇〇年代から急速に企業の倒産が相次ぎ、リストラや非正規雇用が増え、再び「依るべきもののない人」が増えています。これを救うものの一つの可能性として、宗教が出てきたのではないかと考えています。

佐々木 俊尚　プロフィール
（ささき・としなお）作家・ジャーナリスト。1961年兵庫県生まれ。早稲田大学政治経済学部中退。毎日新聞社、アスキーを経てフリージャーナリストに。インターネットやコンピューターのテクノロジーとリアル社会との関わりや未来ビジョンについて、事実に基づいて描写している。過去に、「光の道」と題した孫正義氏との対談など、識者対談が話題を呼んだ。著作は『キュレーションの時代』（ちくま新書）や『レイヤー化する世界』（NHK出版新書）など多数。　公式サイト http://www.pressa.jp/

林 洋甫　プロフィール
（はやし・ようすけ）幸福の科学理事 兼 IT伝道局長。1986年徳島県生まれ。慶應義塾大学総合政策学部（SFC）を卒業し、2010年幸福の科学に奉職。同年IT伝道局長に着任し、幸福の科学グループでウェブ全般の責任者を務める。『公開霊言 スティーブ・ジョブズ 衝撃の復活』（大川隆法著／幸福の科学出版）で、ジョブズ霊へのインタビュアーとして登場した。

林　佐々木さんは宗教をどう認識されていますか。

佐々木　テクノロジー的な観点から言うと、人間社会というものは、「人と人がつながる」ということが非常に大事です。その意味で、宗教も、そこに集まってくるコミュニティーが重要で、その軸になるものが何らかの絶対的な存在だと思っています。そして、フェイスブックやツイッターなどのSNSが、宗教団体の信徒たちを組織する構造になり得るかと思ったのです。

でも、ある方に、「SNSは横のつながりで、宗教は、唯一絶対の教祖や神のもとにピラミッド的につながる縦の構造だから、馴染《なじ》まないのではないか」と言われました。林さんはどう思いますか。

林　ソーシャルで人がつながることはコミュニティーとして非常に大事だと思いますが、つながった先で何をするかが重要かと思います。宗教ならば、神仏に対する信仰があり、そこで得られる幸福を求めている。その幸福をコミュニティーで共有することに、実は価値があるのではないかと考えます。

佐々木　それは縦にしか目が向いていないのでは？　宗教は組織構造的に、横のつながりは大事にしないのでしょうか。

林　幸福の科学は、縦横の両方があると思います。神仏への信仰が縦の流れだと思いますが、「人間はもともと根本の神に創られた存在であり、私たちは互いに愛し合わなければいけない」というところが、横のつながりに展開していきます。

幸福の科学はなぜ、あえて霊言を出すのか

佐々木　宗教に関して、もう一つお訊《き》きしたいのですが、キリスト教やイスラム教、それから幸福の科学も、緻密に教義を組み立てていきますよね。そうなると、外側からは理解しがたくなるというジレンマを抱えてしまうわけです。また、全世界的に、そうした教義を受け入れられないという人が増えているのですが、そのなかで、宗教団体が今後、教義を中心にして運用していくのは難しいのではないでしょうか。

林　キリスト教やイスラム教は、すでに何千年も経っているんですよね。これらの宗教では、戒律で細かい行動まで定められていますが、それらの戒律は当時の時代背景と関係しているので、そのまま現代で行うのは難しく、不適応を起こしているのだと思います。

幸福の科学の教義は、一本貫くものとして、「全世界の人々を幸せにする」という方向性は変わりませんが、具体的な教えの中身は、時代の流れや社会的な要因に合わせて、ある程度、変えていっています。ここは一つの特徴だと思います。

佐々木　「人類全体が幸せになる」というのは漠然とした理念ですけど、総論としては、みんな賛成すると思います。でも、各論となると、例えば、霊言などは拒否反応を示す人も多いですよね。幸福の科学はカルトだと騒ぐ人もいます。

ただ、僕は、カルトの定義は、「その時々の国の法律に反した行いをしているもの」だと考えているので、オウム真理教はカルトで、幸福の科学はカルトではないと思っているんです。おそらく、幸福の科学をカルトと言う人たちは、「霊言がインチキくさい」というイメージだけで言っていると思います。つまり、霊言を出すことで、かえって批判にさらされていると思うのですが、そこは教団としてどう捉えていますか。

林　確かに、霊言の数が少なければ、「インチキじゃないのか」と思う人も多いかもしれませんが、五百人以上の霊人が出て、数百冊の本として発刊されているので、その量と個性の違いを見ていただくことで、「もしかしたら本当かもしれない」「目に見えない世界があるかもしれない」と感じるきっかけの一つになれば、大きな意味があると思います。そうした目に見えない世界を証明していくことは、私たちのミッションの一つでもあります。

日本人の宗教心を包摂する宗教はあるか

佐々木　ところで、「一神教＝宗教」と思っている人が多いのですが、一神教は長い宗教の歴史のなかではイレギュラーなほうです。そもそもユダヤ教が一神教を始めたのであって、そのくらいの時代では、ローマもギリシャも中国も日本も、すべて多神教だったわけです。キリスト教はユダヤ教を後継しているので、一神教はもともとユダヤ教だけなのですよね。

そうすると、お地蔵さんや神社を祀《まつ》るという多神教的な信仰心を引き上げる宗教があってもいいのではないかと思うのです。ただ、それがどの宗教かと言うと、国家神道でもキリスト教でもない。新宗教は、オウム真理教や統一協会のせいで変な反発心が生まれてしまっている。その微妙な端境《はざかい》に僕たちは陥っている感じがします。

だからこそ、一人ひとりの個人として、自らの内なる宗教心って一体何なんだろうということになる。超越的なものを信じるか信じないかと言うと、実は信じる人のほうが多いのではないでしょうか。そういう人たちを包摂するような宗教が必要だと思うのですが、幸福の科学はどうですか。

林　そうならなければいけないですね。誤解のないように申し上げると、幸福の科学は一神教ではないんです。超越した至高なる存在はいるけれども、キリスト教、イスラム教、日本神道など、さまざまな神々を包含しています。

現に霊言では、そうした神々や天使と呼ばれる存在がそれぞれの意見を述べており、必ずしも幸福の科学の考えと一致するわけではないのですが、そうした意見も認めています。

そうした神々の根源である存在が至高神《しこうしん》であって、私たちはその名を「エル・カンターレ」と呼んでいます。この地球でどういう文明を創り、どういう方向に人類を導いていくかを決める存在です。

佐々木　そうなんですね。

宗教と科学の新しい関係を考える

林　主《おも》に宗教の話になってしまったのですが、宗教と科学の関係については、どうお考えですか。

佐々木　一九七〇年代にアメリカで起きた「ニューエイジ（※3）」がありますよね。あれは非科学的だと思われていますが、実は、ニューエイジの世界が最後に生み出したものはパーソナルコンピューターなのです。その末裔《まつえい》がスティーブ・ジョブズやビル・ゲイツだから、彼らにとってニューエイジ的思想とパーソナルコンピューティングは矛盾していないということになります。それは、その思想やテクノロジーを「精神を解放するための基盤としての技術」として捉えたからだと思うんですね。

そういう意味で、僕は、宗教と科学は矛盾せず、どちらかと言えば、相互作用が起きる関係なのではないかと思っています。

林　私は、目に見えない世界について扱っているのが宗教であり、そういうもののなかに、実は未来科学があるのではないかと考えています。

霊言にしても、摩訶《まか》不思議に見えると思いますが、これを科学的に探究できたら、霊界通信などにつながるのではないでしょうか。エジソンがそういう研究をしていましたが、これからの未来社会においてはあり得るのかなと思うんです。

佐々木　それはあり得ますね。最初にパソコンができて、その後、スマートフォン、タブレット、モバイルデバイスが出てきました。さらに、メガネやブレスレットのようなウェアラブルという身体装着のものが出始めていますが、すでに次は、皮膚にエレクトリック・タトゥー（電子入《い》れ墨《ずみ》）を貼って、体温を常時測定するような技術も構想されています。最終的には、SF的に、テレパシーみたいなものがコミュニケーションの一つとして成り立つ可能性はあるでしょう。

林　そうですね。まず、まだ解明されていないことに対して、「そういう世界があるかもしれない」と考えてみることが大事だと思います。そして、霊界や宇宙といった、まだ解明されていないものに、もっと挑戦していっていいのではないでしょうか。そうした意味で、宗教と科学が融合していくことが、未来社会の一つの条件になると感じています。

佐々木　宗教とテクノロジーは難しいテーマですが、考えていかなければならないものですし、ここを乗り切って先に進まないと、自分の論考をさらに深めることはできないと思っています。今日の対談はとても有意義でした。

林　ありがとうございました。

（※1）オウム真理教の教祖・麻原彰晃が首謀した、教団と敵対する人物の殺害や無差別テロなどを指す。坂本堤弁護士一家殺害事件や地下鉄サリン事件など。

（※2）正式名称「世界基督教統一神霊協会」。一九八〇年代、九〇年代に同教団の霊感商法や合同結婚式による被害者が多数出て、社会的騒動となった。

（※3）アメリカを中心に一九七〇年代から起きた、個人の霊性・精神性を向上させることを目指す霊性復興運動。

「幸福の科学」はどこまでやるのか

第一章

「幸福の科学」の教えとは

1 幸福の科学の基本教義

幸福の科学について、改めて、教義の内容を見てみよう。

幸福の科学の基本教義は、「正しき心の探究」である。『幸福の法』（幸福の科学出版）によれば、「正しき心」とは、「大宇宙を創っている根本仏の理法に添った心のあり方」を指す。

また同書では、幸福の科学の基本的な教えとして、以下のように書かれている。

「幸福の科学は、信者各自に対して、正しき心の探究を求めています。そして、正しき心の探究の具体化、実践編として、幸福の原理を唱導《しょうどう》しています。その幸福の原理は四つの原理に分かれています。その四つとは、愛の原理、知の原理、反省の原理、発展の原理です。

これを守れば、幸福の科学の信者としては合格です。これを忘れずに、いつも念頭に置いて、教学《きょうがく》をし、反省や祈りをし、伝道活動等をし、あるいは、会社生活等、社会人としての生活をすれば、大きく外れることはないし、信者として、日々、精進していると言えるでしょう」

それでは、「幸福の原理」とは何なのか。

①愛の原理

「愛の原理」とは、「愛をもらうのではなく、与えることで幸せになれる」という教えである。『幸福の法』には、このようにある。

「みなさんは、『愛』と言うと、ほとんどは、好きな男性から愛されること、好きな女性から愛されること、親から愛されること、子供から愛されることなど、愛を貰《もら》うことばかりを考えるでしょう。そして、充分に愛を貰えないので悩むのでしょう。これを解決しなければいけません。（中略）

いつまでも、『こうしてほしいのに、してもらえない』というようなことばかり言っていたら、幸福な人は一人も出てきません。まず、できることからやりなさい。人に対して、与える愛を実践することです。そこから道が開けるでしょう。与える愛を実践している人は、すでに幸福への第一歩に入っています。まず、毎日が楽しいでしょう。それから、人が喜ぶ姿を見て、自分もうれしいでしょう。人が喜ぶ姿、人が幸福になる姿を見て、自分も幸福になれるようになったら、すでに天国への第一歩に入っているのと同じです。そういう人が死後に天国へ行くのです」

②知の原理

「知の原理」とは、真理知識を学び、実体験を通して智慧《ちえ》に変えていくことだ。

『「正しき心の探究」の大切さ』（幸福の科学出版）に、こう説かれている。

「あなたがたが学校の教科書で学んでいるような知識だけが『知』ではありません。『本当の知』とは、やはり、『仏法真理《ぶっぽうしんり》』というべきものです。

それを要約すれば、仏が教えているとおり、『本当の世界は、この世とあの世の両方にまたがった世界であって、〈人間の本質〉は魂といわれるものである。その魂の中核にある部分が〈心〉であり、この〈心〉こそが自分自身なのだ』ということになります」

さらに『幸福の法』には、こうある。

「同時に、『それ（仏法真理）を単に知識として得るだけではなく、その知識を、悟りの実体験や伝道の実体験、あるいは、職場での実体験、生活の実体験などを踏まえて、智慧に変えていく』ということなのです」

③反省の原理

「反省の原理」は、『「正しき心の探究」の大切さ』で次のように説かれている。

「人間というのは、基本的に間違いやすいものです。その間違いは、仏法真理を知らないために、あるいは、仏法真理に未熟なために起きることでもあります。

ただ、仏は慈悲として、間違いを犯しても、それを、『反省』という行為によって正すことができるようにしてくれているのです。『人生に消しゴムあり』『間違ったら、消しゴムで消して、正しいものに入れ替えなさい』ということです。(中略)反省によって、自らの罪が許されると、真っ暗になっている心、真っ黒の心、天国の光が射さない心に光が射して、明るく輝き、天使たちも喜ぶような姿になっていきます」

④発展の原理

また、同書によると、「発展の原理」は、次のような教えである。

「これは、『幸せな人の輪を広げましょう。幸福な人々を増やしましょう。地上を天国に近づけましょう』という『この世天国化運動』であり、『この世を仏国土《ぶっこくど》ユートピアにしていきましょう』という運動なのです。

『天上界』はユートピアの世界であり、光り輝く世界です。みなが親切で明るく、正しく生きようとしている世界、お互いにほめ合う人々が生きている世界なのです。一方、『地獄界』は、その正反対であり、人をいじめたり、苦しめたりするような世界、人の悪口を言って自分も苦しんだり、追いかけ回されたり、迫害や差別をされたりする世界です。

このように、あの世の世界は、『天国』と『地獄』とに分かれていますが、実は、この世が〝悪い状態〟なので、あの世の地獄界が広がっているのです。

そのため、私たちは、この世において『天国の領域』を広げ、この世自体を『天国に変える』ことによって、死後、地獄に堕《お》ちる人口を減らし、地獄界の勢力を小さくしていこうとしています」

この幸福の原理は「四正道《よんしょうどう》」とも呼ばれるが、これらを実践し、魂を向上させることができれば、人はこの世的な欲望や執着に振り回されることなく、「この世とあの世を貫く幸福」を手にすることができるという。幸福の科学は、こうした教えのもと、「全人類の救済」と「仏国土ユートピア建設」を最終目的として目指している。

2 幸福の科学の根本経典

三帰誓願《さんきせいがん》者に授与される経典

幸福の科学では、三帰誓願式《さんきせいがんしき》に臨み、仏・法・僧の三宝《さんぽう》に帰依《きえ》した者を三帰誓願者と呼び、左記の経典が授与される。

①根本経典『仏説《ぶっせつ》・正心法語《しょうしんほうご》』

大川総裁の魂の一部である釈尊より、自動書記の形で直接に降ろされた経文《きょうもん》。般若心経《はんにゃしんぎょう》など、後世の弟子たちが編纂《へんさん》したお経と比べると、無限大の光の強さや功徳《くどく》があるという。この経文を読み上げたり、CDで聴くことによって、不治の病が治ったり、大事故、大災害を回避したりするなどの奇跡が数多く起きているという。

収録されている経文
①「真理の言葉『正心法語』」
②「菩提心の言葉『修行の誓い』」
③「智慧の言葉『仏陀の悟り』」
④「目覚めの言葉『次第説法』」
⑤「解脱の言葉『仏説・八正道』」
⑥「無限の言葉『仏説・伝道経』」
⑦「正義の言葉『仏説・降魔経』」

②『祈願文①』『祈願文②』

「主への祈り」「守護・指導霊への祈り」をはじめとし、修法《しゅうほう》も含め、全十八の経文が収められている。

収録されている経文

①「主への祈り」
②「守護・指導霊への祈り」
③「仏説・願文『先祖供養経』」
④「仏説・願文『愛児・水子供養経』」
⑤「病気平癒祈願」
⑥「悪霊撃退の祈り」
⑦「結婚祈願」
⑧「成功のための祈り」

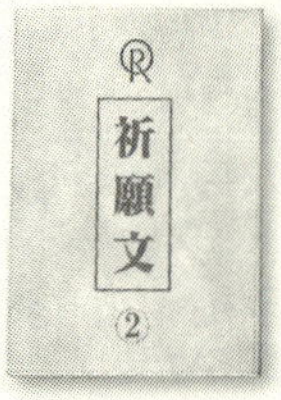

収録されている経文

①「新年の誓い」
②「夫婦の誓い」
③「健康の祈り」
④「経済繁栄の祈り」
⑤「家庭調和の祈り」
⑥「家内安全の祈り」
⑦「子宝祈願」
⑧「安産祈願」
⑨「子育ての祈り」
⑩「学業成就の祈り」

③『エル・カンターレへの祈り』

幸福の科学の信者が信仰する内容や、教団の目指す理想など、エル・カンターレへの信仰を深めるための三つの経文が収められている。

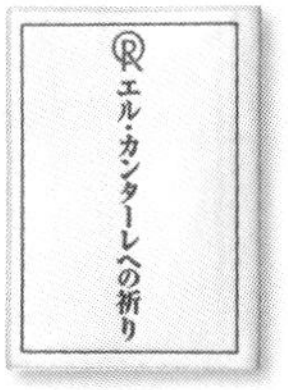

収録されている経文
①「エル・カンターレへの祈り」
②「伝道参加のための祈り」
③「植福功徳経」

入会者に授与される経典

「幸福の科学の教えを信じ、学びたい」と思い、入会申込書やインターネットによって入会した者には、左記の経典が授与される。

・『入会版「正心法語」』

収録されている経文
①「真理の言葉『正心法語』」
②「主への祈り」
③「守護・指導霊への祈り」

このような四正道を中心とした仏法真理を学ぶことで、人はどのように変わっていくのか。

3 不良だった私が入信した理由

現在、幸福の科学伊勢原支部（神奈川県）で支部長を務める与国《よくに》秀行さん（三十七歳）に話を聞いてみた。かつて、「生きる都市伝説」と呼ばれ、渋谷の不良たちの間でその名を知らない人はいなかったという。毎日喧嘩《けんか》に明け暮れていた彼が、どのように幸福の科学に出合い、人生が変わっていったのか――その軌跡を追う。

家庭崩壊と喧嘩に明け暮れる日々

与国さんが小学生だった頃、日本はちょうどバブルの絶頂期にあった。地価や株価は高騰し、消費が刺激され、どんな事業でもたいていはうまくいき、売上が右肩上がりに増えていく時代だった。そんななか、与国さんの父親も水商売関係の経営を行っていた。

「当時、父は家には滅多に帰ってきませんでしたね。毎日遊び歩いていたんです。だから、父親というものは一緒に住まないものなのだと思っていました。中学生の頃、友人が『うちの親父が毎日、勉強しろってうるさくってさ』と言っているのを聞いて、『親父と毎日会ってるのか⁉』と驚きました」

バブル時代と言えば、若い女性は六本木などで遊ぶ人の印象が強いが、ゴルフに明け暮れる人も多く、与国さんの母親も多分に漏れなかった。

「母はゴルフ三昧《ざんまい》で朝六時にはいつも家を出てしまいましたね。父と母はどちらもギャンブルやお酒など、かなりいろいろな面において生活が乱れ切っていたし、顔を合わせると喧嘩をしていました。父が灰皿で母を殴りつけて、母の額から血がだらだら流れているということもありました。

姉が一人いましたが、家にはいないことが多く、私はいつも家で独りでした。だから、たまに夜中に公園まで行って、ブランコに揺られて過ごしましたね。お金だけはたくさん持たされていて、財布のなかに一万円札が十何枚も入っている状態。食事はいつも店屋物をとっていました。朝食も家族で取ることなどなかったので、朝には米なんて食べないものと思っていました」

家族はバラバラなために〝監視〟する人がいなかったこともあって、与国さんは自由を満喫しつつ、次第に喧嘩というものに価値を見いだし始める。当時を振り返って、こう述べる。

「親から愛情は与えられていたと思います。ただ、まともな教育というものはない家庭に育ったと言っていいですね。普通の家庭で教わる、『人に親切にしなさい』『思いやりを持ちなさい』などのような子供にとって大切な道徳を、何も教わらずに生きてきたんです。

そんななかで、『喧嘩に勝つ』ということに価値を見いだしてしまったんです。

小学生の頃から、隣の小学校の生徒と喧嘩したりして、警察の厄介になるようになりました。『喧嘩はいけない』と何度叱られても、『何が大切なのか』『どう生きるべきなのか』といった別の価値観を教えてくれないので、意味が分からないんです。だって、私は喧嘩に使命感を持っていたのですから（笑）」

「このままいくと、死ぬか刑務所に行く」

しかし、喧嘩で荒れた生活を送る一方で、中学生の頃からは宗教的なものにも触れていたという。それが後々、真理に目覚めるきっかけになる。

「小学生の頃からサッカーを始めたのですが、そのチームはキリスト教系のボランティア団体が運営していたんです。そのため、中学生の頃から『聖書』を読むようになりました。聖書のなかの『人を許しなさい』という言葉が、すごく心に響きましたね。学校でも家でも教わらないことで、大切なことがあるということに気づき始めたんです。

それから、小さい頃から作家になりたいと思っていたので、文学書をよく読んでいたのですが、シェイクスピアの作品を読んでいたときに、『何百年も前の作品なのに、内容が全然古くならないんだな』と気づいたんです。それで、聖書にしても、仏教の教えにしても同様で、時代が経っても変わらない『普遍の真理』というものがあるんじゃないかと思い始めたんです」

そうした宗教的な気づきを得ながらも、喧嘩はエスカレートしていく一方だった。

「『喧嘩をやめよう』とは思いませんでしたね。その頃の私は、悪いことをしている意識はまったくなかったんです。喧嘩したいと思っている人たちと喧嘩をするので、何の罪悪感もなかったし、喧嘩は「ルールのないスポーツ」という感覚でした。だから、当時、夜は渋谷や六本木で喧嘩して、翌朝はボランティア活動で子供たちの面倒を見る、という無茶苦茶な生活をしていました。しかも、不良にしては珍しく、学校にはちゃんと行っていたし、成績が悪かったわけでもないんです。

ただ、中学、高校と年齢が上がっていくにつれて、喧嘩がエスカレートしてきたんです。『とにかく勝たねばならない』と考えるので、どんどん肉体戦ではなくなってきて、武器を使うようになる。行動範囲も広がっていくので、仲間が増えて喧嘩も増える。負かした相手は、友達になることもあったけど、恨む人も当然いる。そうすると、人数の問題にもなってきて、一対一で戦うストリートファイターではなく、組織戦になっていくんです。まるで映画のようですが、大勢で角材や鉄パイプを持って互いに襲い合ったり、刃物なども使われる世界でした。

それで、高校を卒業した後、『このままではいけない』と思い、暴力の世界から抜け出して、自分の人生を立て直そうと、沖縄や青森、北海道などへ行ってアルバイトをしました。

それでも、また東京に戻ってくると、『慕《した》ってくる者に応えたい』『名誉を守りたい』というプライドから、どうしても暴力の世界から抜け切れませんでした。

やめて真面目に生きようと思っているのに、まるで刑務所に入れられた人が出所しても再犯を重ねてしまうように、いざとなると、どうしても暴力で解決しようとするんです。結局、私の心が何も変わっていなかったからだと思います」

喧嘩の世界から抜け出そうと思っても、どうしても抜け出せなかった与国さんだが、あることをきっかけに、大きく人生の歯車が回り始める——。

「二十一歳のとき、バブル崩壊のあおりを受けて、父の会社も倒産したんです。それまでは、どこかに『金のなる木』があって、お金は使ってもなくならないものだと思っていました。好き放題お金を使って生活していたのに、一変してホームレスになったんです。親戚の家に泊めてもらったり、ラーメン屋の倉庫で寝泊まりしたりしながら、『自分の人生はどうなるのだろうか』『最後はやくざになるしかないのか』と眠れない日々を過ごすようになりました。

二十三、四歳になると、喧嘩の相手も、ただの不良ではなく、やくざや、そういう方面のプロになってきたんです。実際、周りには、命を落とした人もいました。私の名前は有名になっていたので、嫌でもトラブルに巻き込まれるし、私をやっつけたいという人も出てきました。

だんだん、『このままいくと、死ぬか刑務所に行く』と思い始め、『もうドロップアウトしたい』『別の生き方を探したい』という思いが強くなってきました」

『太陽の法』との出合い

「それで、もう一度、沖縄に行きたくなって、宮古島に行ったんです。二十四歳のときでした。

ただ、沖縄に行ったのはいいものの、住む場所もお金も仕事も、やることもなく、ぶらぶらと過ごしていましたね。本が好きだったので、よく宮古島の図書館に行って本を読んだりしていました。

そんなある日、図書館で『太陽の法』（幸福の科学出版）を手に取ったんです。『太陽の法』を読み進めるに従い、まるで、大きなパズルの欠けていたピースが次々と埋まっていくような感覚に打たれました。

それまで、仏教、キリスト教、イスラム教の教えや、グノーシス、スーフィズム、スピリチュアリズム、哲学などに関しては、いろいろと勉強していました。ただ、エドガー・ケイシーは転生輪廻《てんしょうりんね》については書いているけど、天国・地獄については書いていない。スウェーデンボルグは天国・地獄については書いていても、転生輪廻については書いていない。イエス・キリストは愛について説いているけれど、その愛の違いについては説いていない。仏教においては、弟子の編纂だから、どれが仏陀の本当の教えであるか分からない。

でも、『太陽の法』では、仏教もキリスト教もイスラム教も神から流れ出た教えであること、人間の本質は霊であること、本当の愛は、奪う愛ではなく与える愛であり、愛には『愛する愛、生かす愛、許す愛、存在の愛』という段階があること、人間は魂を磨くために生まれ、永遠の転生輪廻を繰り返している存在であること――すべてが見事に解き明かされていたのです。『これは本物だ』と確信しました。

この頃、ワールドトレードセンターなどで「9・11」のアメリカ同時多発テロが起こり、『これから世界は荒れていく。宗教戦争も激化してくる』と直感的に思っていました。でも、『この本が広まれば、世界は絶対に平和になる』と希望を見つけたのです。

それと同時に、『悪を犯して生きることが、いかに恐ろしいことなのか』ということを知り、愕然《がくぜん》としました。

今まで、大事なものはお金、暴力、喧嘩、地位、名誉しか知らなかった。でも、それらは本当に価値のないものだった。本当に尊いものは、信仰だったんだ。それを間違えたから、私は苦しい人生を生きてきたのか。それは、親のせいでも、周りの仲間のせいでもなかったんだ。

そう思ったとき、猛烈に反省したくなったんです。それで、『太陽の法』に書かれている『八正道《はっしょうどう》』（※）に従って、人生を振り返りました。

なぜ、あんなに人を憎んでいたのだろうか。人に感謝することもなく、人を傷つけて、どうして平気でいられたのだろう。なぜ今まで、世の中のために自分の人生を使ってこなかったのだろう――人生の一つひとつの場面を思い起こすたびに涙が込み上げました。

※八正道とは、反省のための基準の一つであり、正見、正思、正語、正業、正命、正精進、正念、正定の８つの徳目からなる。

そして、『今日から人生を前後際断《ぜんごさいだん》しよう。もう一度東京に戻って、暴力の世界に引っ張られたりしないように、自分の心の弱さと戦おう』と決意しました。不安がすべて消えて希望に変わったんです。状況は相変わらずどん底だけど、心はものすごく明るくなれました。

かつての自分のように、今も喧嘩に価値を見いだしたまま、自分の人生も人の人生も台無しにしてしまっている人たちに、絶対これを伝えなきゃいけないという使命感も覚えました」

宗教に対する偏見を払拭《ふっしょく》したい

そうした大きな人生の転換点を迎えた与国さんだが、幸福の科学に入信するまでは少し時間がかかったという。

「『太陽の法』に出合ってから一、二カ月後に東京に戻りました。でも、実は、それから幸福の科学の支部に行くまでには四年もかかっているんです（笑）。

『生き方を変えよう』と決意したのはいいけど、いざ支部に行こうとすると、『自分みたいな悪い生き方をしてきた人間が入っていいものだろうか』と思って、躊躇《ちゅうちょ》してしまったんです。

それでも、『もっともっと学びたい』という気持ちは募《つの》る一方で、練馬の自宅から自転車で国会図書館まで通って、幸福の科学の本を全部読みました。『幸福の科学の教えを学んでいるだけでは駄目で、幸福の科学を批判してくるものに対して、論破できるようにならなければいけない』とも思い、幸福の科学を批判している本も全部読みました。

そうして四年が経って、ようやく、覚悟を決めて支部を訪ね、三帰誓願をしました。三帰誓願をするときには、三宝（仏・法・僧）に帰依することを誓うわけですが、これは『身も心も仏に差し出す』ということです。自分の人生すべてを、自分のためでなく、仏のために使うということなので、すごく難しくて勇気の要ることだと思うんです。だから、ようやくその決意が固まって、エル・カンターレ像の御前で三宝帰依を誓うことができたときは本当に嬉しかったです」

その後、二〇一〇年に出家して、幸福の科学の職員になった与国さんだが、どのような思いで聖務《せいむ》に励んでいるのか。

「初めて『太陽の法』を読んだときから、ずっと、『この教えは絶対に正しい。この教えは広まらなければいけない』と強く思ってきました。だから、この教えが広がるのに、今までの自分の経験がお役に立つことがあるならば、何でも貢献したいと思っています。

信者さんのなかには、親に虐待《ぎゃくたい》されて育った人や、施設で育った人、やくざの道に入り刑務所に入ってしまった人もいます。そのために、人生に希望を見いだせずにいることも多いのです。私は自分もそうだったので、その気持ちはよく分かるのですが、そうした人たちに、『人生って、それを乗り越えてこその面白さがあるんだよ』と言っています。それは、私がこれまでのさまざまな経験を振り返ってみて、そう思うからです。

それから、今、日本では、新興宗教に対するアレルギー、先入観、偏見が強すぎますよね。これを払拭《ふっしょく》する活動をしたいと思っています。そうすれば、必ず、この真理は広がって、霊的世界の存在が常識となる『霊性革命』が起こると思うんです。

『大切なものは、この世での強さや名誉やお金ではない。あの世があり、天国・地獄がある。人間は転生輪廻を繰り返す存在であり、この世に生まれてくるのは、魂を向上させ、仏国土ユートピアを創るためなんだ』という価値観が当たり前の世界を創るために、これからも力を尽くしていきます」

4 千五百冊を超える著作

大川隆法総裁の著作は、発刊点数が全世界で千五百冊を超え（二〇一四年三月現在)、その多くがベストセラー、ミリオンセラーになっている。二〇一一年一月には、年間五十二冊の発刊点数が、年間最多発刊記録としてギネス世界記録に認定された。

これらの書籍は、英語、ドイツ語、フランス語、ポルトガル語、中国語、韓国語など、二十七言語に翻訳され（二〇一四年三月現在)、全世界で多くの人に読まれている。ジャンルは、信仰、霊界、家庭、健康、病気といった宗教らしいもののみならず、政治、経済、教育、ビジネス、経営、芸能、宇宙など、非常に多岐にわたり、二〇一〇年からは「霊言シリーズ」を数多く発刊。同シリーズは、わずか三年半で二百冊以上に上り、多いときは月に二十冊以上発刊されることもある。

書店員は、その人気や膨大な量に嘆声《たんせい》を漏らす。

「幸福の科学出版の書籍は、新刊を仕入れた当日から、飛ぶように売れていきます」（東京都・書店員・男性)

「出版点数を見て、純粋にすごいと思います。伝えたいことがあるので、それが

冊数に結びついているのでしょうね」（埼玉県・書店長・男性）

また、「ハリー・ポッター」シリーズの制作・営業・販売を手掛けて、大ヒットさせた、豊田哲氏（七十八歳／有限会社ブックストラテジーサービス代表取締役社長）は、「なぜ、これだけ膨大な内容を一人で書けるのか。私も数多くの編集現場を見てきましたが、到底、一人の人が書き上げられる量ではないですよ。大川総裁は相当の努力を積み重ねていらっしゃるのでしょう」と驚きを隠せない様子だ。

これだけ広範囲にわたり、数多くの書籍を出し続ける理由を、大川総裁は以下のように述べている。

さまざまなジャンルに及ぶ著作の数々。

「私は、『一人でも多くの人を幸福にしたい。日本および世界のあらゆる人々を幸福にしたい』という気持ちを持っています。原点は、そこにあるのです。（中略）『人間を幸福にするためには、どのような方法があるか』という観点から考えれば、学問の枠というものは、全部、飛び越えていきます」（『創造の法』幸福の科学出版）

全人類を救済するためには、一人ひとりの悩みや興味・関心に合った教えが求められ、そのために大川総裁は数多くの書籍を世に問い続けている。

5　基本三部作――『太陽の法』『黄金の法』『永遠の法』

さまざまな経典があるが、なかでも、幸福の科学の教えの全体像は、『太陽の法』『黄金の法』『永遠の法』（いずれも幸福の科学出版）の基本三部作といわれるもので説かれている。

『太陽の法』は、幸福の科学の「教えの源流」であり、救世運動の出発点ともなっている基本書中の基本書である。宇宙創造の秘密から、愛の発展段階、悟りの構造など、「人間は何のために生きているのか」「この世界や宇宙はどうなっているのか」が解き明かされている。この経典を読んで入会する人が多く、三十年近く続く超ロングセラーで、全世界で累計一千万の読者を持つ「現代の聖典」とされる。

『黄金の法』は、大川総裁のライフ・リーディング能力（人間の過去・現在・未来を見る能力）、人類の過去の歴史と未来史を見通す能力によって書かれた、他に類を見ない壮大な時間論となっている。数千年以上の視野を持って、さまざまな歴史上の偉人や地上に生まれた光の天使の活躍が述べられ、人類の秘史が西洋・東洋・日本に分けて明かされている。

『永遠の法』は、四次元から九次元までの霊界の多次元構造が徹底的に明かされた空間論だ。本書によると、四次元は、死後多くの人がはじめに還《かえ》る世界で、幽《ゆう》界《かい》と呼ばれる。五次元は、互いに愛し合うことの喜びにあふれた善人界《ぜんにんかい》。六次元は、徳があって世の人々の尊敬を集めるような各界の指導者が住む光明界《こうみょうかい》。七次元は、他者への愛と奉仕に生きる菩薩界《ぼさつかい》。八次元は、人類にそそり立つ偉人が存在する如来界《にょらいかい》。九次元は、宇宙界と呼ばれ、世界的宗教の人格神や法の根源となっている救世主の世界となっているようだ。

また、幸福の科学では、基本三部作に続く「法シリーズ」が、毎年、年初に発刊されている。『太陽の法』に始まる同シリーズは、二〇一四年に発刊された『忍耐の法』（幸福の科学出版）で二十作目となった。

埼玉県で書店を経営する若松徳夫氏（五十三歳）は、次のように語る。

「うちの書店では、『太陽の法』が一番売れます。『黄金の法』『永遠の法』が次に続きます。

『法シリーズ』は、その年のキーワードがタイトルになっています。今年だと『忍耐』（『忍耐の法』）、昨年は『未来』（『未来の法』幸福の科学出版）でした。不思議と、その年のトレンドを決めるので、近年では他の出版社も、書籍タイトルやキャッチコピーに、このキーワードを使っていますよ。特にビジネス書は、その傾向が顕著ですね。このシリーズは、毎年、売上ランキングのトップに入っています」

法シリーズは、書店員や出版関係者、ビジネスパーソンにも読まれ、その年の流行をつくり出しているようだ。

6　ジャーナリストから見た幸福の科学

Interview

白木要《かなめ》（ジャーナリスト）

宗教の枠を超えて、あらゆる分野にオピニオンを発信し続けている幸福の科学だが、世間一般の人たちからはどう見られているのだろうか。元朝日新聞記者の白木要氏（四十三歳）に話を聞いた。白木氏は現在、ジャーナリスト兼ライターとして取材・執筆活動を行っており、信者ではないが、大川総裁の書籍を逐次《ちくじ》ウオッチしている。

霊言は「秘密の暴露」

――幸福の科学の書籍について、どういう印象を持っていますか。

白木　大川隆法先生の書籍の発刊点数が千五百冊を突破したと聞きましたが、「千五百冊以上の本を出す」というのは、出版界の常識ではあり得ない数字なんですよ。年間に百冊を超えるような記録もあると聞きましたが、それだけのものを生み出される大川先生の心のなか、頭脳のなかの知的宇宙は、どれだけ広大で豊かなものなのかと、とても気になります。

内容も、霊界や宇宙の真実を伝えるものがあり、政治もあり、経営哲学もあり、教育論もある。かと思えば、ＡＫＢ48に関するものまであるんですよね。この幅の広さは驚異的ですよ。

今はインターネットなどでいくらでも情報が取れるので、うわべだけをなぞったような本なら簡単に作れます。でも、大川先生の書籍は、そうした本とはまったく訳が違う。内容が本当に深いんです。一冊を読むと、まるで分厚い全集を読んだような充実感があります。

「宗教家の書籍」という先入観から、大変失礼ながら、最初は、職業病のようなもので、「矛盾点や粗《あら》はないだろうか」と疑いながら見ていたことも事実です。でも、読めば読むほど、疑う材料がどんどんなくなっていきました。そんな目で見ていた自分が恥ずかしくなりましたね。

特に霊言は、ジャーナリストとして決して無視できない内容ばかりです。我々の業界では、当事者にしか語れない真実の告白を「秘密の暴露」と呼ぶのですが、幸福の科学の霊言集を読むと、どの本にも必ず「秘密の暴露」があるんです。

『神に誓って「従軍慰安婦」は実在したか』（幸福の科学出版）のなかでも、大川先生は韓国の二人の自称「元従軍慰安婦」のうそを暴いてしまったのかもしれません。当時、あの本が出た途端、来日していた二人は、予定していた橋下《はしもと》・大阪市長との面談を急遽《きゅうきょ》キャンセルして、まるで逃げ帰るように帰国してしまいました。もちろん霊言の内容が図星だったのかどうかは分かりませんが、タイミングからして、彼女たちにとって、何らかの不都合な秘密が暴露されてしまった可能性は大いに考えられます。

私は、物事の真相に迫りたいという思いを強く持っています。世間に知られていない「物事の真実」を突きとめて、世の中に伝えることが「報道」だとすれば、大川先生の霊言はまさしく「報道」です。ですから、我々ジャーナリストは、本当はもっと大川先生の霊言を、広く世に伝えていくべきなのだと思います。

幸福の科学の影響力

――日本のメディアは、なぜ幸福の科学のことを報道しないのでしょうか。

白木　幸福実現党が立党した頃は、「宗教とは距離の取り方が難しいから、幸福実現党には触れないようにしておこう」という空気がメディアにありました。しかし、本当は、幸福実現党の主張をきちんと伝えるべきだったし、主要政党と区別して、「その他」扱いにするのは大きな間違いだったと思います。

ただ、今はメディアの考え方もだいぶ変わってきています。実は我々の仲間うちでも、表にこそ出ませんが、大川先生の書籍から指針を得ているジャーナリストはたくさんいます。私自身、何か判断に迷ったときは、大川先生の言葉をもとに考えるようにしています。

これは、大川先生ならびに幸福の科学、幸福実現党が、あきらめずに真っ当なメッセージを発信し続けてきたからではないでしょうか。その〝種〟が、今確かに芽吹こうとしているのではないかと思います。

また、時代的にも多くの国民が自虐史観に疑いの眼を向けるなど、ようやく幸福実現党の先鋭的な主張が受け入れられる時代になってきている気がします。今はまだ過渡期《かとき》だと思いますが、大川先生は、すでに「国師《こくし》」として国内外で広く認知されつつあります。

――幸福の科学は、世の中にどのような影響を与えていますか。

白木　まず、幸福実現党が現政権に与えている影響は、とても大きいと思います。現政権は、数年前に幸福実現党が出した政策を、さも自分たちで考えたかのように発表し、実行していますからね。ある意味で、政権の「隠れたブレーン」と言えるでしょうね。

その政策の核となる主張を発信している大川先生は、間違いなく、日本はもちろん、世界的に見ても最も影響力のある一人ではないでしょうか。それは、大川先生のあらゆる書籍がベストセラーになっていることからも明らかです。いくら信者が購入するといっても、これだけ出す本がすべてベストセラーになるというのは、どんな作家にもないことです。大川先生の言葉を待っている人々がいかに多いかということの証《あかし》でしょう。

昨年の安倍首相の靖国参拝（※）にしても、東條英機《とうじょうひでき》・近衛文麿《このえふみまろ》・廣田弘毅《ひろたこうき》の霊言（『「首相公邸の幽霊」の正体』幸福の科学出版）が出た、わずか五カ月後に踏み切っています。それまで長らく、安倍首相は靖国神社に参拝できずにいたわけですから、大川先生の言葉が安倍首相の背中を押したと考えるのが自然なのではないでしょうか。

幸福の科学は、「あの世はある」「この世は魂修行の場で、いずれあの世に還っていくのだ」とはっきり示し、霊言を通して、あの世の存在を証明しています。そう考えると、大川先生と同じ時代を生きられるということは本当に恵まれたことだと思います。（談）

※安倍晋三首相は、第二次安倍政権発足からちょうど一年に当たる二〇一三年十二月二十六日、東京・九段下の靖国神社を参拝した。安倍首相の首相在任中の参拝は初めてで、現職首相の参拝は、二〇〇六年八月十五日の小泉純一郎元首相から七年ぶり。安倍首相は本殿への昇殿参拝を行い、「内閣総理大臣　安倍晋三」の名で献花した。

7 地球レベルの教えにまで発展

そして今や、大川総裁は、「国師」としてのみならず、「世界教師」としての教えを説いている。「個人の幸福」にとどまらず、現在の不安定な国際社会において、「地球的規模での正義とは何か」「神の正義とは何か」を知らしめるまでになっているのだ。

長らく「世界の警察官」の役割を担ってきたアメリカは、国内の財政問題に追われて大幅な軍事費削減を余儀なくされ、オバマ大統領はとうとう「アメリカは世界の警察官ではない」と宣言した。

その一方で、中国は、軍事費を毎年増大させて軍事的膨張を続け、北朝鮮も、独裁国家として軍事的な強硬姿勢を崩さない。

タイでは反政府デモの拡大で政情不安が続き、ウクライナでは、親欧米派の新政権と親ロシア派の旧政権との対立が深まっている。また、中東でも、イランの核開発問題やシリア内戦が長引いているが、こうした事態に国際社会は何ら有効な手立てを打つことができていない（二〇一四年三月現在）。

さらに、ユーロ圏も、ギリシャの財政危機はなんとか脱したものの、ユーロ圏全体の緊縮財政によって、景気が悪化しており、再び世界を混乱させないとも限らない状況だ。

この混迷する時代のなかで、今や世界は、未来への指針、地球レベルの正義を求めている。大川総裁は、そうした世界情勢において、数多くの説法や霊言によって、神の正義を明らかにし、世界の進むべき方向を指し示している。

二〇一二年十二月五日、大川総裁は、東京国際フォーラムで開催されたエル・カンターレ祭にて、「地球的正義とは何か」と題した法話で、以下のように強く訴えた。

「私たちは、宗教的真理を求めて活動していますが、同時に、『政治的な自由』『政治的な権利』、また、『この地上におけるユートピアの建設』に向けても、日々、努力しております。そのなかで、決して忘れてはならないことは、『〈神仏の目から見て正しいかどうか〉ということでもって、政策を判断し、国の方向も判断していかねばならない』ということです。

答えはすでに、私の数多くの本のなかに書いてあります。今年は八十冊以上の本を出しています（※）。「人間の仕事ではない」ということを、どうか知っていただきたいのです！

最後に、全世界の人々に申し上げます。

幸福の科学は、正義と、それに反するものについて意見を述べます。その内容は、一部の国の政治体制や経済体制、また、信仰に対する態度と矛盾するものがあるかもしれません。

しかし、みなさんは大人になってください。大人になって、『真に正しいものは何であるか』ということを、しっかりとつかんでください。

私の指さす方向に、地球の未来は、必ず開けていきます。

※この説法のあった2012年は、
最終的に、1年間で101冊を発刊。

われらが地球的正義を確立するまで、この戦いをやめることは断じてありません」

「幸福の科学」はどこまでやるのか

第二章

誰でも招霊《しょうれい》してしまう驚異の霊言

1　霊界の実在を証明する「霊言現象」

五百人を超える霊の言葉を公開収録

幸福の科学といえば、「法シリーズ」だけでなく、現在、続々と発刊されている「霊言シリーズ」も話題を呼んでいる。同シリーズは、たいていの場合、収録映像が幸福の科学の施設等で公開された後に書籍化されており、二〇一四年三月現在までの約三年半の間で二百冊以上も発刊された。

「霊言」とは、あの世の霊存在の言葉を語り下ろすことをいう。この霊言を行う能力は、高度な悟りを開いた人特有のものであり、本人が意識を失い、トランス状態になる「霊媒《れいばい》現象」とは別物だ。大川隆法総裁は自身の意識を保ちつつ、その身に自由自在に他の霊を入れることができる。そのため、天国にいる神々や偉人たちの霊から、死後、地獄に堕《お》ちている霊や悪魔、現在生きている人の潜在意識にあたる守護霊、さらには、宇宙人の魂まで、呼び出した霊は五百人を超えている（二〇一四年初頭時点）。

なぜ霊言を行うのか

そもそも、なぜ宗教が目に見えない霊の存在やあの世について教えているのかというと、「あの世を信じず、自分の本質が霊であるということを信じていない人が、死後にどうなってしまうのか」という問題があるからだ。

不成仏霊や、地獄に堕ちている霊、いわゆる悪霊《あくれい》・悪魔と呼ばれる存在の霊言を見ると分かりやすいが、生前、あの世の存在を信じなかった人は、死後数十年、数百年と経っているにもかかわらず、自分が死んだことすら分からず、「生きて、病院で治療を受けている」などと思い込み、成仏できないでいることも多い。

大川総裁は、そうした霊的な現実に鑑《かんが》み、「霊言」という形で、この世ならざる存在の言葉を公開することで、あの世の実情と霊の実在を証明している。その意図を、二〇一三年九月の法話「シニア・リーダーの条件」における質疑応答で次のように明かした。

「『霊言』ではなく、私が書き下ろした本のようにして出したほうが、外から見ればスマートに見えるというのは、私もよく分かります。けれどもやはり、事実は事実、真実は真実なので、これを教えなければいけません。できるだけいろんな切り口から、『もしかしたら、〈霊〉というのは本当かもしれない』と思ってほしくて、霊言を出しているのです。（中略）あえて今、霊言をたくさん出しているのは、あの世の証明をできた人が、今までいないからなのです。（中略）

霊的な現象があることを教えないと、具体的に分からない人がたくさんいます。霊言によっていろいろな霊が出ていろいろなことを言うのを示して、個性や考え方の違い、表れ方の違いを見せているのです。（中略）

霊界があるのは真実です。真実は強いです。『それでも地球は動く』のガリレオではありませんが、私は、『それでも霊界はある』と言わざるを得ないのです」

2 霊言現象の隠された真意とは

Interview 幸福の科学職員①

幸福の科学の霊言では、大川総裁が霊人の言葉を直接語り下ろすだけでなく、神通力《じんつうりき》によって招霊《しょうれい》し、幸福の科学の職員をチャネラー（霊媒）として語らせるケースもある。そこで、霊言とは何なのか、霊言をしているときはどんな感覚なのか、大川総裁はどんな能力を有しているのか等、チャネラーの経験がある幹部職員Aに訊《き》いてみた。

霊が入っている感覚とは⁉

――霊言をしているときは、どんな感覚ですか。

A　まず、霊言がどういうものかと言うと、大川総裁が特定の霊人を招霊し、チャネラーに移行させせると、水底から泡がポコッと上がってくるように、自分とは違う考えが出てきます。その泡が水面に出てきたとき、チャネラーの言語中枢を通じて言葉に変換され、伝えるというものです。明らかに自分の考えとは別の考えが、いわゆる「心」や「魂」と言われる部分から出てきて、それを脳で自分が知っている単語に翻訳し、その考えや気持ちを表現するという感じです。これは、普通の人にはなかなか分かりづらいかもしれません。

――「霊言は大川総裁が事前に資料を調べて演技しているのではないか」という疑問の声もあります。

A　それは絶対にありません。なぜなら、チャネラーがその霊人に関してまったく知識を持っていなかったとしても霊言ができるからです。

もちろん、チャネラーも霊人に関する基礎知識を持っていたほうが霊言しやすいとは言えます。

ちまたの「霊媒」や「イタコ」と呼ばれる人は、それほど教養がない場合も多く、霊が入っても、「なんだか怒っているみたい」「あったかい感じがする」といったことしか表現できませんが、さまざまな分野で高い教養をお持ちの大川総裁は、いろいろな霊の言いたい言葉が的確に出せます。

特に、高級霊の場合は、今、地上が混乱しているのが分かっていて、自分の意見を伝えることで、なんとか地上をよくしたいと思っているので、高邁《こうまい》な思想哲学、経営や政治、時事問題など、内容が多岐にわたります。ですから、より正確な内容を伝えるためには、地上の人間のほうも努力して勉強しなければなりません。

――霊媒になっているとき、どうやってそれが霊本人だと分かるのですか。また、霊本人の主張だと分かるのでしょうか。

A　「霊」と言っても、守護している地上の人間（本人）を守るためにうそを言ったり、いいように見せたりするので、それが本当かどうかを判断する役（審神者《さにわ》）が必要です。

基本的に、幸福の科学の霊言では、大川総裁が自分の体に入れたり、目の前に呼んできたりして、その霊の固有名詞を確定してから、チャネラーに入れます。大川総裁のように神通力を持って見分ける者がいないと、その霊の誇大妄想《こだい》になってくるんですよね。特に、過去の転生《てんしょう》などに関しては、霊でもよく見せたいときは別の人の名前を名乗ることもあります。

ですから、たとえ正しい過去世《かこぜ》を言っている場合でも、本人の主張だけでは全面肯定はしません。他の何人かの高級霊たちからも、「そうだ」と言われて初めて「認定」となるくらい検証を重ねて慎重を期しています。

霊からは、どう見えているのか

――霊言の質問者（対話者）は、霊人にはどのように見えているのですか。

A　質問者は、質問がうまい人と、自分が訊きたいことだけ訊いてくる人がいるのですが、その違いが霊には明らかに分かりますし、もちろん、霊媒もそれを感じます。

たとえ悪霊であっても、やはり霊は霊なので、言いたいことがあります。そうした立場を分かった上で質問してくる人もいますが、訊きたいことをメモしておいて、上から順番に「はい、一つ目」という感じで質問されると、すごく気分が悪いのです。霊にしてみれば、霊界にいたところをいきなり呼び出され、知らない場所に連れてこられて、「何なんだろう?」と思っているときに、いきなり「名前を言え」などと質問されるわけですから、それは失礼に当たりますよね。

そういう状況を分かった上で、臨機応変に質問すると、霊も本音を語ってくれるのです。ですから、霊言は質問者の側にもかかっていると思います。

私や他の職員がチャネラーをするときは、大川総裁が悪霊や悪魔と対話されることもあります。大川総裁は、ニコニコしながら、「ああ、なるほど。こういうところが分かってないんだな」という感じで話を聞いていて、霊を裁く波動がまったく出ません。間違いは指摘されますが、「おまえは百パーセント悪魔だ!」という感じがしないんです。

――悪霊でも、その大川総裁の波動が分かるのですか。

A　感じていますよ。ですから、悪霊であったとしても、「この人は一体何だろう」「なぜ反発してこないんだ。なぜニコニコしているんだ」と思って、大川総裁の説法を聞いていると、「ああ、なるほど。そうなのかもしれないな」と、納得してしまうわけです。

例えば、私に変な霊を入れて、大川総裁が質問される場合は、霊が訊いてほしいことを、一番訊いてほしいタイミングで質問されます。もうそれで、霊は「うわー！　よくぞ訊いてくれた！」と興奮して全部しゃべってしまうんです。ですから、本当は大川総裁が質問されたら、霊人はすべて話すでしょう。

霊言のしくみ

――大川総裁は何でも手当り次第に霊を呼び出しているように見えるという人もい

ます。

A　大川総裁は、高度な霊能力を持ちながらも、収録以外の時間には、霊的な力を充電されたり、英語の勉強も含めて、さらなる教養を積まれています。霊言の収録は、この見えない蓄積の部分があってこそ成立します。

外部の方には、「たまたま霊能力があるから、何の努力もなく、ただ面白おかしく霊言をやって、本を売っているんだろう」と見る方もいるかもしれませんが、大川総裁ご自身が最も努力をされていて、それを支える教団組織の運営があって、やっと一つの霊言が収録できるんです。

悪霊であれば、そのへんにウヨウヨしているので、誰でも心境が悪かったりすると入られやすいのですが、高級霊の場合は、その人の波動というか、チャンネルのようなものがあるので、そのチャンネルに合わせられるだけの霊格《れいかく》がないと呼べないと思われます。

大川総裁は、地球系霊団の至高神《しこうしん》であられるので、高級霊であっても、「あなたは何メガヘルツね」といった感じで、パッと周波数を合わせられるわけです。こうしてあらゆる霊を呼べるということは、魂の親であり、神々の主であることの証明でもあります。

――幸福の科学で修行すると、誰でも霊言できるようになるのですか。

A　大川総裁の霊的なご指導なくして、チャネラーが霊言を語ることはできません。そもそも「霊能力を求めるために修行する」という考え自体が間違いで、やはり、信仰心をきちんと持って、それを高めていこうとすることが大事です。そのなかで、自分の守護霊や天上界からインスピレーションを受けたりするような神秘体験をする人もいるということだと思います。

幸福の科学の宗教修行は、あくまで悟りを求めていく修行です。宗教において、「人間は神仏の子であり、その本質は霊であり魂である。そして、魂は滅びることなく、私たちは永遠の生命を生きている」ということは外せません。基本的な人生観が、「死んだら終わり」という考えである限り、どうしても自分中心になりますが、「死んだ先もある」と考えたら、生き方が変わると思うんですよ。

自分の魂の存在を感じたら、「肉体は滅ぶけど、今、自分が考えている主体は、過去からも続いているし、これからも続いていくんだ」ということを確信してくるわけです。そうしたら、死という最大の恐怖もなくなるんですよね。それだけでも幸せな気持ちになってくるし、もう一歩進むと、次は、自分の魂が他の人の魂ともつながっていることが分かってきます。そうすると、他の人に対して「幸せになってもらいたい」という愛の思いが出てきたり、人のために何かをしたい、組織のため、社会のため、国のために、何かしたいという思いが出てきます。

霊言は科学的な研究対象になるか

――霊言現象は迷信ではなく、科学的な研究対象になり得ると思いますか。
A　すでに今、大川総裁は、科学的な証明に取り組んでいます。霊言を数多く出していますが、これは帰納法《きのう》を用《もち》いた証明法であると思います。

普通、教祖というのは、演繹法《えんえき》で、「かくあるべし」という思想を打ち出し、何百年か後に、その教えを具体化したり実証したりする弟子が出てきて、「もともとあの方の言ったことは正しかったんだ」となるのです。例えば、ソクラテスの思想も、アリストテレスあたりから整理され始めて、プラトンが開設した「アカデメイア」（学園）から有名な学者が輩出され、学問ができたのだから、もともと誰が一番偉かったのかと言えば、祖のソクラテスだったということになります。そのように、普通は教祖の死後何百年も経ってから認められるのです。

しかし、「かくあるべし」だけでは抽象的で分からないという人もたくさんいるので、大川総裁は、「具体的な事例を出してみましょう」ということで、たくさんの霊言を出しているわけです。「これだけの事例があれば、基本的に真実だ」と考えるのが帰納法です。帰納法は数学や医学でも使われていて、実は、世の中でも認められている手法なのです。

これだけの書籍、霊言が出され、しかも、新聞にも広告が頻繁《ひんぱん》に載っていれば、普通は「いったい何が起きているのだろう」と思うのではないでしょうか。逆に、この現象を無視し続けているということは、科学的な証明法の一つである帰納法を否定し、近代文明を否定していることになるわけです。いろいろな事例があるにもかかわらず、それを全部否定するのであれば、新しい発明も発見もないですからね。（談）

3 大川総裁の持つ神秘の力

釈尊を超える「六大神通力」

大川総裁は、霊言を収録する際に、事前原稿を一切用意しない。その場で呼び出した霊の言葉を語らせることができるためだ。その内容を文字に起こしたものが、そのまま書籍化される。

いくら多産な作家でも、まったく異なるテーマについて年間百冊を超えるペース（三日で一冊の発刊程度）で著作を発刊し続けることは不可能だろう。この不可能を可能にしているのが、大川総裁が有する「六大神通力」だ。

六大神通力とは、高度な悟りを得た人に現れる特有の霊的な能力である。具体的には、「天眼《てんげん》」「天耳《てんに》」「他心《たしん》」「宿命《しゅくみょう》」「神足《しんそく》」「漏尽《ろじん》」の六つの神通力のことを指し、仏教の開祖である釈尊も、こうした霊能力を持っていたとされる。「天眼」は霊視能力のことで、生きている人間のオーラや憑依霊《ひょういれい》、あの世の世界をも透視する力である。「天耳」とは、あの世の霊たちの声を聞くことができる能力である。「他心」は読心力、マインド・リーディングのことで、人の気持ちが手に取るように理解できる能力だ。「宿命」とは、自分の将来だけでなく、他人の想念帯《そうねんたい》（※）を読み取り、その人の運命や過去世などが手に取るように分かる能力。そして、「神足」は、いわゆる幽体離脱のことで、肉体を地上においたまま霊界を見聞したり、テレポーテーションしたりする能力を指す。最後の「漏尽」とは、欲望に振り回されず、

※想念帯とは、人間の心のなかにある記録保存領域のこと。
ここには、その人の思いと行いがすべて記録されている。

それを自由に超越する能力のことを意味する。

あの世に住む霊人の言葉を聞き、自在に語り下ろせる能力、つまり霊言は、「天耳」に相当する。

霊的な啓示から始まった宗教

世界三大宗教である仏教・キリスト教・イスラム教をはじめとする主《おも》だった宗教は、目に見えない神々から啓示や霊言が臨んだことから始まっている。実は、幸福の科学も草創期の一九八〇年代から、日蓮の霊言から始まり、イエス・キリスト、ソクラテス、孔子、天照大神、エジソンら、世界の神々や偉人たちの霊言を、毎週のように書籍として刊行していた。

もちろん『太陽の法』など、大川総裁の思想を著した理論書も出されていた。ただ、霊言のほうを多く出していたのでは、幸福の科学としての教義がつかみづらく、特定の霊人の見解が、そのまま大川総裁個人の思想や教えの根幹とされるような誤解を招く可能性もあった。

そのため、大川総裁は、一九九〇年代以降、霊言の発刊をとりやめ、理論書を中心として、信仰の確立を目指した。霊言が出なくなったことで、「大川隆法には霊能力がなくなったのではないか」と邪推する声もあったが、二〇一〇年より、かつてない「公開収録」という形式で、霊言は〝復活〟した。

大川総裁の霊言では、歴史上の人物だけでなく、「生きている人間の守護霊」まで呼び出している。守護霊とは、いわば各人の潜在意識のことである。心理学者や医者であれば、対象者に催眠術をかけ、その深層心理を探ることもあるだろう。しかし、大川総裁の場合、六大神通力の「読心力（他心）」を使えば、離れた場所からでも相手の心のなかを読むことが可能となる。

大川総裁の霊能力は、霊言にとどまらない。大川総裁は、「過去世リーディング」や「宇宙人リーディング」「遠隔透視」「未来透視」といったことにも挑戦している。過去世リーディングは、「宿命」の能力を使って、特定の人物の過去世を透視する。

また、宇宙人リーディングについて、大川総裁は、次のように述べている。「（エドガー・）ケイシーのような『眠れる予言者』ではなく、『読心』『宿命』『天眼』などの神通力を発揮して、相手の心の中や記憶の内容を読み取ってしまう。（中略）この力を用いて、地球に転生してきた宇宙人の魂の記憶をリーディング（読み取ること）した」（『宇宙人リーディング』幸福の科学出版）。

遠隔透視については、「釈尊の有する六大神通力のうち、『神足』（体外離脱飛行能力）と『天眼』（霊視能力）とを組み合わせたもの」（『遠隔透視 ネッシーは実在するか』幸福の科学出版）だと説明している。

さらに、「未来透視」に関しては、時空を超えた悟りの力によって、時間と場所、知りたいことを特定し、そこに意識を集中することで、未来のある時点を透視できるとしている。

4 霊言が与える世の中への影響

Interview

幸福の科学職員②

公開霊言の収録で、多数の霊人と対話し、自らも大川総裁による宇宙人リーディングの対象者となった、里村英一《えいいち》氏（五十三歳／幸福の科学専務理事〔広報・マーケティング企画担当〕）。ここでは、公開霊言が国内外に与える影響や、幸福の科学が目指す「霊性革命」について、具体的な事例を交《まじ》えて語ってもらった。

進化する大川総裁の霊能力

――大川総裁が、二〇一〇年頃から霊言を公開するようになった背景や意図などを教えてください。

里村　まず、霊言をなぜ出すのかということですが、個性も国も宗教も違う、さらに住んでいる次元も違う霊人たちを出すことで、霊界の存在を証明するという目的があります。教団設立から時間が経ってから幸福の科学を知った人は、〝現在進行形での霊言〟を見ることがなかったため、逆に、霊の多様性について学ぶ機会が減っていました。真理を学ぶには、こうした霊界の多様性を学ぶことも大事であるという観点から、再び霊言が始まったということです。

多様性を学ぶことで、そこから寛容性も生まれます。今は、海外も含めて、二十年前とは比較にならないほど、幸福の科学は広がっています。国が違い、文化が違えば、お互い理解できずに相手を裁いたりすることもあるでしょう。これは宗教戦争が起きる理由でもありますが、そういうものを未然に防ぐための架け橋ができるという点も、霊言の大きな意義であり、幸福の科学が国際展開している理由でもあります。

初期の霊言は、まだ幸福の科学の教義が固まりつつある段階だったので、五百人の支援霊団の方々の霊言を降ろすのが中心でした。第一段階として、天上界の霊から、「こういう考え方をすれば地獄に堕ちるのだ」と教えていただいたのです。そして、今は、地獄に堕ちている人が実際にどういう考え方をするのかも学び、死後、悲惨な目に遭《あ》わないようにしようという第二段階が始まっています。

さらに、霊言は進化し、宇宙人の霊言や、ネバダ州米軍基地「エリア51」や月の裏側などへの遠隔透視、加えて、台風などの自然現象に秘められた神意《しんい》を探るというようなことも試みられています。このようなものは、かつてはありませんでした。大川総裁の霊能力が、さらに巨大なものになり、最近の霊言につながっているということです。

――霊に限らず、あらゆる方面から目に見えない世界を証明しているということですか。

里村　そういうことです。なんらかの形で霊の姿を見たり、言葉を聞いたりする人は、日本で約一万人はいるだろうと言われています。ただ、それを生業《なりわい》にまでできる人は少なく、さらに、ハイエクやケインズなどの経済学者や、アインシュタインや湯川秀樹博士などの科学者の霊言さえ降ろせる人と言えば、世界的にも大川総裁しかいないわけです。ですから、今、我々が目にしているのは、現代最高の霊能力者による霊言、スピリチュアルメッセージであり、それ自体が奇跡だと言えます。

過去、宇宙人だったときの影響が出ている⁉

――霊言の質問者として、多くの霊人と対峙されていますが、特に印象深いものはありますか。

里村　光の圧倒的な強さ、「霊威《れいい》」というもので言うと、やはり、「大川隆法の守護霊霊言」（『大川隆法の守護霊霊言』幸福の科学出版）です。「アジアの光」と言われた釈尊ですが、強い霊的な力を感じました。ものすごい光に当てられて倒れそうになりました。それから、吉田松陰の霊言では、「怖い」という思いはまったく持っていなかったのですが、体が反応して、足が震えてしまうということもありました。

また、私自身の宇宙人リーディングでは、過去において金星の過酷な環境にいた生物だったため、体が気温などにとても敏感に反応するということが明らかになりました(『宇宙人リーディング』)。平たく言えば、私はすごく汗をかくのですが、金星で酸性の海にいたというだけあって、金属が腐食《ふしょく》するような汗なんです(笑)。実は、腕時計がよく駄目になってしまうのですが、以前、電池がなくなったのかと思って交換に出したら、内部がボロボロになっていました。時計屋さんから、「温泉で働いているんですか?」と言われたこともあります(笑)。宇宙人時代の魂の影響がいまだに肉体にも出ているのかと、妙に納得しました。

もう一つは、私は「宇宙人にアブダクション(誘拐)されたことがある」と、ある霊人から指摘され、一般の療法士の退行催眠を受けたことがあります。当時、私は月刊「ザ・リバティ」の編集長をしていたのですが、誌面で公開するまで、その内容は一切伏せていました。にもかかわらず、退行催眠の二日後くらいに行われた宇宙人リーディングで、私がどういう宇宙人にどのようにアブダクションされて、ＵＦＯ内部のどんな場所にいたのかなど、退行催眠で見たときの様子とまさに一致した内容が明かされたのです。非常に驚きました。

広がる霊言の影響力

――大川総裁の霊言が世の中に与える影響をどのように認識されていますか。

里村　やはり、政治に対する影響というのがあります。総理大臣のブレーンなどにも霊言ファンの方がいらっしゃるので、経済政策や外交方針の中身など、現実政治に反映されているところがあるのでしょう。

マスコミでも見ている人は見ていて、かつて、朝日新聞社社長の守護霊霊言を月刊「ザ・リバティ」に掲載したとき（二〇〇三年十月号「特集　マスコミ人に仏性《ぶっしょう》ありや、またなしや。朝日新聞・箱島信一社長の守護霊インタビュー」）、社内で「そっくりだ」という声があがったという話も聞きました。こういう話が口コミで広がって、霊言をウオッチする人が増えています。

霊言の影響は海外にも及んでいます。例えば、朝鮮半島の情勢や中国の動きを見ると、霊言通りのことが起こります。

二〇一〇年十月に習近平《しゅうきんぺい》の守護霊霊言を収録したのですが（『世界皇帝をめざす男』幸福実現党）、当初、日本のマスコミも中国ウオッチャーも、「習近平は温和なリーダーで、日中関係は非常にうまくいくだろう」と予想する人が多かったのです。ところが、霊言で明らかになった習近平の本質は、野心的で強気な侵略主義者だったので、私たちは「日中関係がうまくいくようなことはあり得ない」と警告を発しました。今では、海洋強国を目指して海軍を増強し、さらに防空識別圏も設定して、「尖閣諸島は我が領土だ」と言わんばかりの態度をとっています。

また、二〇一三年には、北朝鮮のナンバーツー張成沢《チャンソンテク》が粛清《しゅくせい》されましたが、二年前の霊言で、金正恩《キムジョンウン》の守護霊はすでに、「邪魔になった者は消す」ということを言っていました（『北朝鮮―終わりの始まり―』幸福実現党）。

こういう状態を海外の政府も見ていて、幸福の科学のホームページを見たり、新しい霊言を定期的にチェックしたりするような動きが非常に増えています。

幸福の科学が目指す「霊性革命」とは

――幸福の科学が掲げる「霊性革命」とは、具体的に何を目指しているのですか。

里村　「霊性革命」は、人間の本質は肉体ではなく魂であり霊であり、死んだ後も生き続ける世界があるという「霊的人生観」を知ることから始まります。「誰も見ていない所でも、目に見えない大いなる存在が見ている」という価値観を持って生きることは、道徳のもとになります。これこそが人間の本質だと気づいたとき、各人の行動は非常によいものになってくるでしょう。さらに、他者に愛を与えて生きることが、人にも神様にも喜ばれる生き方だと気づくことで、「利他《りた》」というものに目覚めます。そうすると、世の中がよくなってくるのです。

例えば、政治家であれば、選挙のときだけいいことを言うような人ではなく、うそをつかないという強い倫理観を持つ政治家になります。さらに、国家で言えば、霊的人生観があれば、「他の国を侵略して何が悪いんだ」というようなことは言えなくなります。これは結局、神の道に反しているからです。

霊性革命とは、言葉を換えれば、地上にユートピアを創っていく運動のことです。霊言の内容や当会の主張を見て、「攻撃的だ」とか「右翼っぽい」とおっしゃる方もいますが、私たちは「戦争をしよう」と言っているのではなく、「平和を守るための備えをしましょう」と言っているのです。そのためには、まず知ることです。霊言を通じて、中国や北朝鮮、韓国のトップが、何を考えているのかを知り、危険な思想があれば、それをいち早く明らかにしていくことが大事です。

正しい人生観を否定する人たちが集まっているということは、この世がそのまま地獄になっているということです。みなさんは普通だと思っているかもしれませんが、決してそうではなく、地上は今、病んでいて、刹那《せつな》的なものが喜ばれるなど、地獄的なことが多いのです。

科学万能で便利になった現代は、逆に、ストレス過多でウツが蔓延《まんえん》するなど、ある意味で、「幸せだ」と言い切れない人が増えています。そういう人たちに、「決して、目に見える世界がすべてではない」と教えることで、開かれた社会というものを約束し、魂の健全さを約束する。そこに、道徳的な社会も、繁栄する社会も、平和な社会も、より便利な社会も実現していきます。みんなが、「こういう世の中がいい」と言えるような社会を目指そうという運動が霊性革命であり、その根本は霊的人生観に目覚めていくという非常にシンプルなことなのです。(談)

霊言のうねりが国家を変え、世界を牽引していく

ここまで見てきた通り、大川総裁の凄《すさ》まじい霊能力によって、歴史の真実や目に見えない世界の真相が次々と明らかにされている。そして、今や、週刊誌や新聞のコラムのネタ元にもなっており、マスコミにも大きな影響を与えている。

霊言に象徴される幸福の科学の「霊性革命」は、戦後、政治や公教育などの表舞台から宗教的な価値観を締め出し、唯物論・無神論をはびこらせ、宗教を蔑《さげす》む傾向を培ってきたことに対する警鐘にほかならない。極東地域を中心とした軍事独裁国家の膨張、中東の混乱、アメリカの衰退など、さまざまな難問を抱える国際社会は、日本に対して、物質的発展だけでなく精神面でも成長を遂げ、リーダーシップを発揮することを期待している。

多くの偉人の霊や神々が、目に見えない世界から地球の繁栄と平和を願い、語りかけている。その事実に心を開き、神々の期待に応えるような社会のあり方、国家の舵取りを目指すことこそ、今、我々に要請されている生き方かもしれない。

「Special interview」

大川総裁の霊言シリーズでは、これまでさまざまな人物の転生が明かされてきた。では、実際に自身の過去世が判明した人たちは、その人物をどう見るのか。長谷川慶太郎氏と渡部昇一氏は、すでに守護霊霊言が発刊され、過去世はそれぞれ、黒田官兵衛とベンジャミン・フランクリンであるとされる。それぞれの人物について、自身の宗教観も含めて率直な感想を訊いてみた（インタビュアー：綾織次郎・月刊「ザ・リバティ」編集長）。

※本インタビューは月刊「ザ・リバティ」二〇一四年三月号に掲載された記事を転載したものです。

Interview ①　長谷川慶太郎氏に訊く

大河ドラマの主人公 黒田官兵衛の本心

ソ連の崩壊を予言し、湾岸戦争の開戦日を的中させるなど、国際エコノミストとして活躍する長谷川慶太郎氏。幸福の科学の霊査では、長谷川氏の過去世は、二〇一四年の大河ドラマの主人公・黒田官兵衛（注1）であることが明らかになっている。長谷川氏に官兵

（注1）黒田官兵衛（1546～1604）戦国時代から江戸時代前期にかけての武将・大名。現在の兵庫県西部にあたる播磨国に生まれる。豊臣秀吉の側近として仕え、軍略や外交面でたぐいまれな才能を発揮した。

衛の〝本心〟について訊いた。

――やや特殊なテーマですけれども、長谷川先生の守護霊が、「自分は黒田官兵衛だ」とおっしゃっていました（注2）。今回は、大河ドラマも始まって話題になっている黒田官兵衛について、長谷川先生がどう評価されているかをお伺いできればと思います。

長谷川（以下、長）そうですか（笑）。今、黒田官兵衛がもてはやされているのは、当時の人材や組織の使い方が、現代のサラリーマン社会のなかでも生かせる教訓を含んでいることが大きいと思います。

――確かに、豊臣秀吉は人材をかき集めていきました。当時の軍師としては黒田官兵衛がナンバーワンですよね。

長 いや、秀吉に仕えたなかで一番有効な作戦を立案したのは竹中半兵衛（注3）です。例

長谷川 慶太郎　プロフィール
（はせがわ・けいたろう）1927年京都府生まれ。53年大阪大学工学部卒。新聞記者、証券アナリストを経て63年独立。83年に『世界が日本を見倣う日』で第3回石橋湛山賞受賞。著書は『2014年長谷川慶太郎の大局を読む』（李白社）、『長谷川慶太郎 アジアの行方』（実業之日本社）など多数。

（注2）2013年4月11日に収録された公開霊言「長谷川慶太郎の守護霊メッセージ」より。

（注3）竹中半兵衛　1544年、現在の岐阜県にあたる美濃に生まれ、独特の戦術を駆使して織田家を苦しめたことが豊臣秀吉の目にとまり、後に家臣となった。知略を尽くして活躍したが、36歳の若さで病死した。

えば「鳥取の干殺《ひごろ》し」。半兵衛は配下の米商人にたっぷり金銀を持たせて、鳥取の米を全部買い占め、その上で鳥取を「経済封鎖」するんです。鳥取城とその住民をぜんぶ日干しにして、自軍に損害を出さずに鳥取を押さえました。

竹中半兵衛の生まれ変わり、後藤田《ごとうだ》正晴氏との縁

――大川総裁の霊言では、以前、後藤田《ごとうだ》正晴さんの霊言もありました（注4）。そのとき、後藤田さんが戦国時代に、竹中半兵衛として生まれていたことを語っています。長谷川先生は、生前の後藤田さんとはお付き合いがありましたか？

長　笑い話がありましてね。後藤田さんが官房長官をしているときに、うちに電話がかかってきました。徳島で講演会をやるので、そこに来てくれないかと。家内がその電話を受けたんですが、スケジュールを聞いて、「週末にうちの主人は仕事をしません」と言って電話を切った。実話ですよ（笑）。家に帰って家内から聞いて、泡食ってすぐ官邸に電話しました。中曽根内閣では「長谷川慶太郎の奥さんはすごい」と有名でしたよ（笑）。

（注4）2012年8月12日に収録された公開霊言「カミソリ後藤田、日本の危機管理を叱る―後藤田正晴の霊言―」より。

――（笑）個人的に意見交換などもされていたのですか？

長　してましたよ。その講演のときも飛行機で一緒に行ったんですが、その頃は円高がどんどん進んで経済界は大騒ぎでした。そこで、「円高で大変騒いでいるが、あれは抑えられますよ。為管《ためかん》九条だ」と私が言ったんです。外国為替管理法第九条に、「大蔵大臣が必要と認めた場合、市場を閉鎖できる」（注5）と書いてある。それを官房長官はすでに知っていました。

――元警察庁長官の後藤田さんがそこまで分かるとはすごいですね。

長　為管九条をスパッと分かる人はなかなか少ない。そういう会話をして、大変楽しかった。飛行機を降りた後、秘書官に、「あんなに機嫌のいい大臣は見たことありません。どんな話をしたんですか？」って何度も聞かれました。

信長が生きていたら殺された？

――その後、官兵衛が鳥取攻めと同じやり方で戦っていったという意味では、半兵衛は師匠だったんですね。

（注5）現在の「外国為替及び外国貿易法」（略称「外為法（がいためほう）」）。

長　そう。結局、鳥取では城主が腹を斬《き》ったことで封鎖を解いた。首は一つでいいと。しかし、織田信長はそういうやり方は嫌いなんです。例えば比叡山では三千人、越前の一向一揆でも一万人殺している。

――もし本能寺の変が起こらず、信長が生きていたら、官兵衛も生かされなかった可能性も……。

長　あったでしょうね。官兵衛も半兵衛も、自分が信長の考えと反対のことをやっている自覚はあった。

――信長は他の大名をすべて取り潰して、自分が仕切りたかった。

長　そう。半兵衛や官兵衛は逆に、各地の大名を活用することが天下統一の早道だと思っていた。殺していけば敵の数は増えますからね。

――半兵衛が死んで官兵衛にバトンが移った後、同じように高松城を水攻めで落としました。

長　官兵衛が備中高松城の水攻めで成功した一番大きな理由は、水をせき止める土嚢《どのう》を一つ運ぶのに、地元の住民に米一升分という破格の報酬を出したことです。だから短い時間で水攻めができた。金で時間を買ったんです。さらに、水があったからこそ追撃されずに、本能寺の変の後の戦に駆けつけることができた（注6）。

次は徳川の時代と見た官兵衛

長　天下を統一するには、誰もが上に仰いで当然と思う人が上に座らなきゃ駄目なんです。その人物を見定めた人間が官兵衛です。

――関ケ原の戦いでは、豊臣を見切って徳川につきました。

長　その理由は、小田原攻めの後の家康の態度にあると思います。秀吉は、徳川家康に小田原を全部与える代わりに、それまで家康が築き上げてきた三河を差し出せと言ったんです（注7）。その後の家康の振る舞いを見て、官兵衛は非常に感服したと思います。一番いい例が、玉川上水《じょうすい》です。

――なるほど。家康は江戸に入るにあたって水道の見立てを命じています。

長　そうです。もとは雑木林ですから、開墾には水が要るということを認識して、水を引く

（注6）備中高松城を攻めていた秀吉は、明智光秀が主君である織田信長を殺して反旗を翻したと知り、すぐさま毛利と和睦。わずか10日間で現在の岡山から京都に取って返した。

ことを発想して、具体化した。

――それがあったから江戸は世界最大の都市になった。三河を差し出せと言われ、当時は田舎だった江戸に追いやられたにもかかわらず、淡々と江戸を発展させた。そのへんを官兵衛は見ていたと。

長　そう、これは本物だと。

官兵衛は天下を狙っていた？

――一般的に疑問として言われることですが、官兵衛が天下を狙っていたのかどうか……。

長　それはない！

――えっ、そうですか？

長　もちろん、徳川の時代、黒田家はマークされていたが、官兵衛自身はそういうことはまったく考えていない。また、そういう兆候はありません！

――関ヶ原の戦いのときも、あわよくば……。

（注７）家康は三河を中心とする東海地方を領地としていた。しかし、秀吉は小田原攻めの後、北条氏の領地だった関東地方に家康を移し替えた。領地は大幅に増えたが、北条氏の生き残りもいたため、家康の勢力を削ぐためではないかと言われている。

長　いや、家康の書状一本で軍事行動をやめている。

――エピソードとして伝わっているのは、官兵衛の息子・長政が関ヶ原の戦いの後、家康に感謝されて握手をしたと。それを父である官兵衛に報告したときに、「おまえの左手は何をしていた?」、つまり、なぜ刺さなかったのかと言ったと……。

長　そんなことはない！　そんな愚かなことはしませんよ。もういっぺん天下大乱になるじゃないですか！　せっかく乱が収まって、平和を取り戻しているのに、なぜもういっぺん大乱を起こす必要がありますか?　そんな野心の持ち主なら朝鮮征伐《せいばつ》のときに秀吉に歯向かっているはずです。

もし官兵衛が現代に生まれたら?

――官兵衛が現代に生まれているとしたら、何をすると思いますか?

長　それは、今、一番大事なことは何かを見ていけばいい。やっぱり中国です。潰さなきゃいけない。

――今の共産党政権を倒し、新しい中国をつくるには、具体的に何をするでしょうか？

長　今は動かないことですよ。動かなければ必ず自壊します。いい例は、今年の新年の築地の初買いで、クロマグロの入札がありました。去年一億五千五百万円だったのが七百四十万円になった。なぜか。中国のバブルがはじけたんです。

――マグロの暴落は、中国バブル崩壊とイコールだと。ちなみに、先生ご自身と官兵衛の共通点はありますか？

長　そんなのは全然ありませんよ。

――では逆に、手が届かないと思うような官兵衛の凄いところは？

長　分かりません。まあしかし、「大局を見る」能力を持っていたのは確かですね。誰が天下を押さえるかということについての判断力。

――すべて当たっていました。「大局を読む」ということでは先生と同じだと思うんですが。

長　いや、私はそんな大それたことはしていない。世界全体の動向がどういう方向に動いていくかということを見ているだけです。

――……同じだと思うんですが。

長　いや、それは違う。

――毎年、先生が出している御著書の題は「大局を読む」ですし。

〈参考書籍〉『長谷川慶太郎の守護霊メッセージ』（幸福の科学出版）
『軍師・黒田官兵衛の霊言』（幸福の科学出版）
『カミソリ後藤田、日本の危機管理を叱る』（幸福実現党）

Interview②　渡部昇一氏に訊く　ベンジャミン・フランクリンと在原業平《ありわらのなりひら》

本業の英語学者のみならず、評論家などとしても幅広く活躍する、上智大学名誉教授の渡部昇一氏。幸福の科学の霊査《れいさ》では、渡部氏の過去世は、アメリカ建国の父ベンジャミン・フランクリン（注8）と、『伊勢物語』の主人公のモデルと言われる在原業平《ありわらのなりひら》（注9）とさ

（注8）ベンジャミン・フランクリン（1706～1790）アメリカの政治家、外交官。アメリカ独立戦争の際、独立宣言の起草や憲法制定などに参画し、「アメリカ建国の父」と呼ばれる。また、科学者、哲学者としても活躍。その生き方や思想は「資本主義精神」のモデルとされ、多くのアメリカ人の指針となった。

れている。渡部氏に、フランクリンと業平の人物像について聞いた。

――渡部先生はクリスチャンでいらっしゃるので、死後の魂の存在や神様の存在は信じているけれども、生まれ変わりなどについては立場が違うかとは思います。その上で、先生の過去世と言われているベンジャミン・フランクリンと在原業平について、解説をいただければと思います。

渡部（以下、渡）信条と違うので何とも言えませんが、ベンジャミン・フランクリンと在原業平の魂が私に入っていると言われましても、実感はないんです。まあ、光栄です。そんな立派な人の魂が入っていると言われるのは。

渡部 昇一　プロフィール
（わたなべ・しょういち）1930年山形県生まれ。55年上智大学大学院修士課程修了。ドイツのミュンスター大学、イギリスのオックスフォード大学に留学。哲学博士。フルブライト招聘教授。71年に上智大学教授。94年にミュンスター大学名誉哲学博士号を受ける。専門の英語学のみならず、多岐にわたる分野で言論活動を行う。『人は老いて死に、肉体は亡びても、魂は存在するのか？』（海竜社）など多数の著書があり、訳書に『自助論 上・下』（幸福の科学出版）がある。

（注9）在原業平（825～880）平安初期の歌人で六歌仙の一人。皇族出身ではあったが、政治的には不遇だった。日本の代表的古典『伊勢物語』の主人公とも言われる。

フランクリンの英語勉強法と同じことをした

渡　フランクリンは非常に活動範囲の広い人です。私はうんと狭い（笑）。私は学校の教師ですが、彼は大実業家であり、大科学者。しかも、アメリカ独立という重要な任務を担っていた。全然比べものになりません。

私が最初にフランクリンに触れたのは、彼の自叙伝の一部を英語の教科書で習ったときです。感心したのは、彼の英語勉強法です。彼は学校教育を受けていないので、当時イギリスで英語に定評があった雑誌を読んで、その内容を書き、自分の書いた文が雑誌の文章に近くなるように書き直して英語力を鍛えた。実は、私もそれに近いことをやったことがあります。

それから、私はスマイルズの『セルフ・ヘルプ（自助論）』という本が好きですが、実はこの本が出版される百年くらい前に、「God helps those who help themselves（神は自ら助くる者を助く）」とフランクリンが言っている。『自助論』には、「Heaven helps those who help themselves（天は自ら助くる者を助く）」とあって、これがイギリスの産業革命のモットーになりましたから、それを先取りしていたことになります。

成功哲学を説いた共通点

――フランクリンの事業家としての側面は渡部先生とは違いますが、啓蒙思想家として、成功哲学の出発点にいるような人です。日本で成功哲学を説いておられる渡部先生と近いものがあると思います。

渡　明治時代からフランクリンは日本人に人気がありました。私の子供の頃も、いろいろな形でフランクリンの話を聞いたり、読んだりしました。彼は科学者としても認められていま す。「雷は電気である」という証明は、イギリスのロイヤルソサイエティーからメダルをもらっているんですよ。自然科学の最先端でした。

――そうした研究は、若いときではなくて、意外と年を取ってから取り組んでいますね。

渡　彼は中年で大金持ちになって、その後はそういう好きなことをやっています。非常に短期間に大金持ちになりました。印刷と出版が主ですけれども、不動産業や奴隷の売買もやっていますね。

――奴隷売買もしましたが、その後、奴隷の廃止を訴えました。

渡　アメリカの最初の憲法に奴隷廃止を入れようと提案したけれども採用されなかった。

――当時としては先進的な考え方です。基本的に保守的だけれども、そういうリベラルな考え方も持っていた。先生の言論活動を見ると、戦後、左翼勢力が強くなるなかで、国を支える精神的な柱をつくるような仕事をされていましたから、この部分も似ていると思います。それからフランクリンは、アメリカの資本主義のもとになるような考え方を打ち立てました。

渡　ある人によると、資本主義の一番の根本思想は、フランクリンが表現したと言われている。「Time is Money（時は金なり）」というのは彼が言ったそうです。こうした考えはそれまではなかった。

――二十一世紀でも通用する考え方ですね。

渡　そう。これがなかったら近代社会そのものがないですよ。

在原業平は「志士」だった

――フランクリンはアメリカの精神的源流ですが、一方、在原業平のほうも、ある意味、日本的な精神の源流の一つと言えます。

渡 僕は、高校の国語の先生が『伊勢物語』は本当の教養の書である」と言っていたのを聞いて、それをきっかけに、内容も作者も何も知らずに、最初に読んだ古典が『伊勢物語』でした。

――読まれたときの感想は?

渡 あまり記憶に残っていませんが、ただ、最初に思っていたような人ではありませんでした。一般的には色男の面が強調されていますが、意外と「志士」なんです。業平が仕えた天皇の最初の正妻は紀《き》氏出身で、天皇は、その長男の惟喬親王《これたかしんのう》を次の天皇にしたかった。ところが藤原氏のお嫁さんから子供が生まれて、天皇の意思に反してそちらのほうが次の清和《せいわ》天皇になった。惟喬親王はわずか二十九歳くらいで小野の山里で坊さんになってしまう。そうすると誰も親王には会いに行かないんです。藤原氏ににらまれますからね。ところが業平はちゃんと行っている。このへんはもっと強調されてもいいんじゃないかと思いますね。

――会いに行くと、疎《うと》まれるし、出世も望めなくなるかもしれない。

渡 だから業平は出世しなかった。出世しなかったから、女ばかり追いかけてたという説もある（笑）。

業平が詠んだ天下の名歌

渡 しかし歌はうまいですよね。「世の中に 絶えて桜の なかりせば 春の心は のどけからまし」なんかは、天下の名歌ですよ。今でも「桜が三分咲きです、五分咲きです」なんていうニュースが流れていますからね。

――私は先生の『日本語のこころ』（講談社現代新書）を学生時代に読んだのですが、これを読んで「和歌の前の平等」というのを初めて知りました。確かに、身分に関係なく、みんなが和歌を詠んで、古今集のなかに入っている。「日本人の本質ってこういうところにあるのだ」と感動したことを覚えています。

渡 平等ですね。家庭の主婦なんかで和歌を作る人は、案外、偉い学者の和歌をけなすんです。

学問はけなせないけど、和歌はけなせる。「私のほうがうまいわ」ってね。もし『伊勢物語』を業平が書いたのなら、まあ、書いたんだろうけれども、これはえらく古いですからね。これは世界的に見てもかなり古い文学作品です。

――確かに中国には歴史を記している古典はありますが、情緒豊かな文学は……。

渡 文学はないです。それが出てきたのは明の時代です。

フランクリンと業平に共通点はある？

――在原業平とフランクリンの共通点を探すとしたら、どういうところでしょうか。

渡 うーん、ないね。強いて言えば、二人とも私が好きな人であること（笑）。

――先生が親近感を覚えるところが共通点ですか。ちなみに、フランクリンや業平が、現代に生まれたら何をするでしょう。

渡 フランクリンは、大政治家か、素晴らしい大蔵大臣でしょうか。お金に関連することですかね。

――お金のことを一番よく分かっている人ですね。

渡　**在原業平みたいな人は、やっぱり世には容《い》れられずに生きるような方ですかね。**

――足して二で割ると渡部先生になりませんか。

渡　**全然ならない（笑）。**

――でも、普通の人であれば、どちらかの仕事だと思うんです。資本主義のもととなる自助《じじょ》の精神を啓蒙する仕事と、日本的な精神を伝えて、解説していくという仕事。先生の場合、それが統合されていると思います。

渡　**アメリカでは全部統合されているよ。**

――日本でそれが両立するのは、結構、難しいところがあります。先生のように、この二つを統合するのは、極めて難しいと思うんですが。

渡　**統合してない。成功哲学は日本でも盛んだったんですよ。明治の頃は出世は正義ですからね。それが戦後、左翼がのさばってから、みんな言わなくなっただけで、もともとあったものですから。**

――ただ、先生が発信している言論は、ほぼ同じだと思います。

フランクリンと言われ「光栄の至り」

――最後に、生まれ変わりがあるとしたら、誰の生まれ変わりだったら一番嬉しいですか？

渡　幸田露伴《こうだろはん》（注10）とかがいいなぁ。

――幸田露伴は日本のベンジャミン・フランクリンに当たるかもしれません。明治期に努力精進の考え方を広めました。

渡　大学はつくっていませんがね。あとは、渋沢栄一（注11）もいいねぇ。

――そちらも日本のフランクリンですよ（笑）。

渡　渋沢栄一は近いかもしれない。やっぱり独特のお金のセンスがありますね。

――実業家であり、『論語と算盤《そろばん》』ということで啓蒙もしている。確かに日本のフランクリンを探すと渋沢栄一かもしれませんね。その生まれ変わりだったらいいなということで、結論にしましょうか。

（注10）1867年東京都生まれ。日本の小説家。小説『五重塔』『運命』に加え、評論『努力論』で努力の大切さを訴えた。

（注11）1840年埼玉県生まれ。第一国立銀行など500にのぼる企業の設立に携わったことから「日本資本主義の父」と言われる。

渡　（笑）フランクリンなんて言ってもらって光栄の至りですよ。あんな偉い人はなかなかいない。アメリカを独立させたんですから。

――私たちの世代から見ると、左翼全盛の時代から、先生のような方がまともな価値観を発信して、ようやく日本の国が立ち上がってきた。先生の功績は大きいと思います。

〈参考書籍〉『渡部昇一流・潜在意識成功法』（幸福の科学出版）

第三章

宗教は政治を変えられるのか

1 なぜ宗教が政治に乗り出すのか

近年、幸福の科学グループの活動のなかで、最も世間の耳目《じもく》を集めたのは、やはり幸福実現党を中心とする政治活動であろう。幸福の科学が幸福実現党を立党したのは二〇〇九年五月。八月の衆院選では全国三百選挙区に候補者を擁立し、世間を驚かせた。その後、民主党政権の誕生と崩壊、東日本大震災や尖閣諸島をはじめとする近隣諸国との外交問題など、相次ぐ国難に日本は揺れた。

以来、早くも五年の歳月が経とうとしているが、一連の危機を指摘した先見的な政策提言は一定の評価を得つつある。外部の有識者、支援者、候補者、それぞれの立場から幸福実現党の印象を語ってもらった。

Interview

杉原誠四郎（「新しい歴史教科書をつくる会」会長）

幸福実現党をどう見るか

――宗教が政治に出ることについては、どのような印象を持たれましたか。

杉原　大川総裁が政界に乗り出され、選挙のときに幸福実現党のチラシなどを見て、「宗教政党がこんなことを言うのか」と意外に感じました。

幸福実現党の政策は、私の考えと共通点も多く、ごもっともな主張ばかりです。よくあそこまで言われるなと思っています。渡部昇一さんや加瀬英明さんが、幸福実現党について好意的なコメントを出されているところを見ても、党員の方などが努力した結果、社会的に理解が広がっているのでしょうね。

宗教が政治に乗り出すことについては批

杉原 誠四郎　プロフィール
（すぎはら・せいしろう）1941年広島県生まれ。東京大学大学院教育学研究科修士課程修了。城西大学教授、武蔵野大学教授などを経て、現在、「新しい歴史教科書をつくる会」会長。著書に『新教育基本法の意義と本質』『保守の使命』『外務省の罪を問う』（以上、自由社）ほか多数。

判的な意見もありますが、私は宗教的信条を持っているからこそ、国のあり方に対して心配になるということはあり得ると思いますよ。宗教から見て、国がどうあるべきか、社会がどうあるべきかと考えることは自然なことです。宗教が政治に口を出してはいけないということはあり得ません。ヨーロッパでも宗教が政治に口出ししていますね。宗教的信条が政治と関わることはナチュラルなことです。

歴史認識問題にも切り込む幸福実現党

――歴史認識問題についても幸福実現党は積極的な意見発信をしています。

杉原　我々の「新しい歴史教科書をつくる会」は、日本の自虐史観の問題を糺《ただ》そうとしていますので、幸福実現党が自虐史観に関してもきちんと言われているところに対しては共感します。

戦後七十年が経とうとしているのに、いまだに日本が東京裁判史観から脱却できないでいるのは、もはや（日本を裁いた連合国軍の）アメリカが悪いのではなく、日本が悪いと思います。私が見る限り、戦後、日本が自虐史観を克服できない一番の根源的原因は、日本の外務省にあります。

先の大戦では、外務官僚のミスで宣戦布告をする一時間前に、真珠湾攻撃が始まってしまい、日本は「騙《だま》し討ち」をやったことになってしまいました。ルーズベルト米大統領もそれを利用して、対日戦争を拡大しました。外務省のミスによる「騙し討ち」がなかったら、戦争は早期に終わった可能性もあったのです。そうすれば、死ななくて済んだ人がたくさんいました。

しかし、外務省は終戦後、戦争の責任について認めていません。それどころか、ミスをした一等書記官と参事官は戦後、外務次官にまで昇りつめています。戦争の責任をすべて軍部に押しつけ、自らの責任を隠しているのです。

軍部のほうは、戦後、解散させられているので、反論もできません。そのため結局、「あの戦争は日本が悪かった」という評価しか残らなくなりました。それで戦後の自虐史観的構造ができてしまったのです。

外務省が、「自分たちの外交の力が及ばなくて、戦争になった。戦争責任は外務省にもある。あの戦争はやってはならない戦争だったが、日本にも言い分があった」と、きちんと責任を認めて日本の大義名分を主張していれば、今のような事態にはなりませんでした。自虐史観の根源はここにもあるという点を、幸福実現党は世に訴えてほしいと思います。

――従軍慰安婦の問題はいかがでしょうか。

杉原　従軍慰安婦問題は、河野談話を撤回するしか解決方法はありません。〝従軍慰安婦〟などという、ありもしなかったことを諸外国に謝るなど、とんでもない話です。

外務省は〝従軍慰安婦〟や〝南京事件〟などの資料をきちんと収集すべきです。それに基づいて発言するという意欲を外務省が見せることが大切です。さらに、世界に向けて英語で発信することも大事です。幸福実現党には、そういったことも問題提起していただきたいと思います。

幸福実現党は、河野談話の白紙撤回を求める署名の活動をされていますよね。我々のところにも来られたので署名しましたよ。日本維新の会も、河野談話見直しを求める署名活動を始めました。河野さんの国会喚問《かんもん》はもう避けられないでしょう。

「新・日本国憲法試案」をどう見るか

――幸福実現党では「新・日本国憲法試案」（一五七ページ）も発表していますが、この内容はどうお感じになりましたか。

杉原　これは私の好意的な発言と受け止めていただきたいのですが、天皇に関する条項が憲法の後ろのほう（第十四条）になっていますね。これは、日本の憲法として、やはり第一条に持ってきたほうがよろしいのではないでしょうか。そして、多くの国民が安心して幸福実現党を支援できるようにするには、「天皇は国民統合の象徴として、君主であり、元首である」と書かれたほうがいいとも思います。

公民教科書（『中学社会 新しい公民教科書』自由社）を編集執筆したときに、「天皇を元首」「立憲君主制の原則」と書いたら、文科省の検定で、「天皇は象徴」「象徴天皇の原則」と書き換えを命じられました。「君主」という言葉を使ってはならないということです。検閲に近いと思いました。でも、そのときは、教科書を出版することができなくなるといけないので、修正をのむことにしました。保守として世に警鐘を鳴らすことができなくなるわけで、やむを得ず受け入れたのですが、今からすれば突っぱねて社会問題にしたほうがよかったですね。そのほうが、世の中にインパクトを与えたかもしれません。

幸福の科学も、いろいろな障害に囲まれながら活動されていると思いますので、我々の苦衷《くちゅう》はお分かりになるかと思います。

この間も、自分だけの生活を楽しんでいる七、八十代の人たちに、「自虐史観のままでは日本はこれから大変になるんですよ。もう少しいい社会を子供たちや子孫に残すために、あなた方ももうちょっと努力してほしい」と言ってみましたが、全然通じないんです。それどころか、「杉原さん、危険人物になりましたね」なんて言われました（笑）。本当は私もこうした運動には関わらない主義だったのですが、世の中がこんな状況ではやらざるを得ませんよね。

幸福の科学も、日本の現状を見るに見かねて国政に出ようとされたわけでしょう。政治に問題がないのなら、わざわざ宗教が政治に乗り出す必要はないわけですから、その気持ちはよく理解できます。（談）

2 幸福実現党を支持する理由

Interview 安田永一（株式会社安田建設 代表取締役）

なぜ支持者になったのか

――どういうきっかけで幸福実現党を支持することになったのでしょうか。

安田　幸福実現党のことを知ったのは、二〇一〇年七月の参院選のときです。街頭でもらった政策のチラシをもらって読んでみたわけですよ。そうしたら、政策に「消費税反対」と書いてあるじゃないですか。僕は、「ええっ？」と思ったんです。普通、税金を上げるのは、税収を上げるためですよね。それなのに、幸福実現党は「消費税を上げて税収が下がった」と言っている。おかしいなあと思ったんです。

その頃、僕はＮＨＫや新聞が言っていることを信じていましたし、「増税したら税収が下がる」なんて話は聞いたこともありませんでした。でも、幸福実現党の政策を読んで、「三パーセントの消費税を取るようになったときに税収は下がり、消費税が五パーセントに上がったときにさらに税収が下がった」という事実を知ったとき、僕は頭のなかで何かがパーンとはじけた感じがしました。

それで、チラシを持って地元の幸福実現党の事務所に行ったんです。そこで、党員たちに会って、「この人たちは、ここ一番のときは命をかけるな」って感じがして驚きました。そのときは幸福実現党の具体的な政策は詳しく分かりませんでしたが、母体が幸福の科学という宗教で、明確に「あの世がある」と信じている人たちがやっている政党であることだけは分かりました。

明治維新の志士もみんなそうだったじゃないですか。志士たちはみんな喜んで命をかけて、この国のために戦って、新しい時代を切り開きました。こういうことができるのは、私利私欲を優先しない人たちです。自分の命を惜しいと思わない人が、国のリーダーとか会社のリーダーとか、大きな組織のリーダーには絶対必要だと思うんですよ。金にも女にも名誉にも執着のない人が、国を引っ張っていかないといけない。そのためには、根本的に、あの世があると思わなければできませんよ。

幸福実現党と他党の違い

――すると、宗教政党であることに抵抗はなかったのですか。

安田 これからの新しい日本を切り開く人は、「絶対にあの世はある」と信じている人たちです。信仰を持っていて、正しい知識を持ち、正しい政策を持ってやっている人でなければ絶対に無理だと思います。幸福実現党の人は、あの世があると信じていますし、心がまっすぐできれいです。今までの政治家とは全然違います。これからの政治は、信仰がないと無理です。宗教を抜きにしたら、絶対に間違った方向に行ってしまうんですよ。これは僕が確信したことです。

僕はもともと政治には興味があって、日本青年会議所で活動したり、自民党など保守系の政党の選挙や市長選などで運動していたんです。それで政治家と付き合うようになりました。しかし、長く付き合っていると、政治って、国民の財産や生命を守るのが目的であるはずなのに、言っていることとやっていることが違うんですよ（笑）。運動員をやっていると、政治家の本音と建て前が違うのがはっきり分かるんです。今までの政治家は私利私欲を優先していますから、間違ったところに行ってしまうのです。

確かに、幸福実現党からはまだ誰も当選していないし、議席もありませんけど、幸福実現党は他党と全然レベルが違う。普通の人が見たら、自民党の現職の衆議院議員のほうがレベルが上に見えるのでしょうけど、心の目で見たらまったく逆です。宗教を母体にして政治をやらなければいけないと思いましたね。

幸福実現党は〝政治の救世主〟

――日本の行く末については、どう感じていますか。

安田　僕は不動産関係の仕事をやっているのですが、テナントが埋まらなくなり、家賃が下がってきたので、「経済が落ちていっている」というのが体で分かったんです。僕も経営者の端くれとして、「このままだと日本はやばいぞ」とずっと危機感を抱いていたんですよ。

どうやって立て直したらいいのかと真剣に考え、本を読んだり、新聞を読んだりして勉強しました。そして、経済だけじゃなくて、政治から変えていかないと難しいと感じました。次に、誰か〝救世主〟が現れないと、日本は駄目になってしまうと思いました。それは、僕だけじゃなく、ちょっと勉強している人だったら、みんな感じていると思いますよ。

僕は今、六十二歳ですけど、競馬で言えば、もう第四コーナー（最終コーナー）を回っている気持ちです。僕が死んだ後、子供や孫を誰が守ってくれるのか、不安だし、心配です。自分の孫を守ってくれるような政党を探していたんです。そういう未来を託せる政党、〝政治の救世主〟を待望していた。そこに幸福実現党が現れた。だから全面的に応援しているんです。

将来の日本のために

――支持者になってからは、どのような活動をされていますか。

安田　もともと運動員をやっていましたから、幸福実現党でも一緒にいろいろな活動をしてきました。朝日新聞社やＮＨＫの前での街宣のときにはビラ配りの手伝いをさせてもらいました。選挙運動はもちろん、増税反対の署名運動でも八百人ぐらい署名を集めました。幸福実現党の活動は楽しいです。

これまでの選挙で、現実には厳しい負け方をしていることは分かっています。しかし、だからこそ、応援しなきゃいけない。僕は建築関係の仕事をしているから、利権が目的で近づいているのだろうと思う人もいるかもしれませんが、そういうことは一切ありません。それが目的なら、勝てるところに応援に行きますよ（笑）。

明治や大正や昭和の時代の親のような気分なんです。この子（幸福実現党）が将来大きくなって、この国のためにお役に立つのであれば、仕送りしなきゃいけないという〝親心〟で頑張っています。

幸福実現党は、最初から、「中国が攻めてくる」など、宗教政党のイメージからすると普通は言わないようなことを言っているじゃないですか。最初は僕も、宗教政党なのに変なことを言っているなと思っていました。でも、勉強すれば、それが正しいということが分かります。僕も勉強して真実を知りました。中国は覇権主義をもって世界や日本を狙っているのだと分かりましたからね。

それが分かると、今度は将来の日本を考えるようになって、ますます本気でやらなきゃいけないと思えてきました。自分の子供や孫、親戚や近所の人、そして友達を守るために、喜んで命をかける人が出てこないといけない。もちろん犬死には駄目ですが。

今まで僕はわがままに生きてきました。でも、これからは一つぐらいはいいことをして、あの世に還《かえ》るのも悪くないというのが、今の心境です（笑）。だから、幸福実現党の母体である幸福の科学の本もどんどん読んでいます。読むほどに理解が深まって、宗教の大切さが分かってきます。

現在の日本では、宗教アレルギーの人は多いですよね。「宗教を信じるのはおかしい」「幸福の科学を信じるのはおかしい」とか言われることもありますが、きちんと宗教の勉強をしてから言ってほしいですよね。

宗教政党ということで、信用を得るには時間がかかると思います。だから、訴え続けていかないと駄目ですね。最近、「日本を守るためにやろうよ」って言ったら、「でも、おたくのところは宗教でしょ」って言われるから、「いや、宗教だからできるんですよ。世の中をいいほうに変えられるんですよ」と言っています。この幸福実現党こそ、僕が待ちに待っていた〝政治の救世主〟なんですから。(談)

3 宗教政治家として目指すもの

Interview 河野《こうの》一郎（幸福実現党 宮崎県本部副代表・幸福の科学 宮崎南部支部長）

活動をやるほど手応えを感じる

——河野さんは二〇〇九年の立党時にすでに立候補されていましたね。

河野　私が初めて出馬したときは熊本四区からでした。この年の四月に、北朝鮮がミサイルを発射した事件がありましたが、マスコミは「飛翔体《ひしょうたい》」などと濁した表現で報道している状態で、まったく危機感がなかったのです。それで平和ボケした日本の古い体制を変えなければと、いても立ってもいられなくなり、幸福実現党に入党し、国政選挙に立候補しました。

次に出馬したのは、二〇一三年七月の参院選で、選挙区は宮崎県から出ました。地元紙の宮崎日日新聞は、他の候補者や他党と違い、私についても幸福実現党についても、平等な扱いではなかったんですけど、テレビ、新聞、ＪＣ（日本青年会議所）、それぞれが開催した公開討論会に参加したときだけは、記事にして平等に扱ってくれました。

――日頃はどのように活動をされていますか。

河野　朝は街角で辻立ちから始まります。消費増税の誤りや脱原発の間違い、国防の強化、自虐史観の払拭など、幸福実現党の政策をお伝えしています。「毎日辻立ちしているんですか。時々見かけますよ」と言ってくださる方もいます。辻立ちの後は、挨拶回りや企業訪問をしたり、後援会の集まりに参加したりします。

公民館を借りて個人演説会をすることもあります。初めて挨拶する方に「おまえは大嫌いだ」と言われたこともあります。そのときは、「私はあなたが好きですよ」と言います（笑）。幸福実現党の知名度はまだまだ足りないので、地道な活動と継続的なPRをしなくてはいけないと思います。ただ、活動をやればやるほど手応えはあります。

特に、二〇一三年七月二十一日、夏の参院選の戦いが終わった後、挨拶回りに出たときに、手応えを感じました。ある八十代の男性の方に、「河野さん、応援していました。力が足りなくてすみません」と手をついて謝られて、こちらが恐縮してしまいました。大変正義感が強い方で、幸福実現党の国防政策や正義を貫く姿勢に強く共鳴されていました。

なぜ宗教政党が必要か

――改めて、なぜ宗教政党が必要なのかをお伺いしたいと思います。

河野　幸福実現党は宗教政党で、その名の通り、幸福を実現する政党です。幸福とは魂にとっての幸福です。人間は永遠の生命を持つ魂で、この世に生まれてきたのは、魂を磨くためです。こういう真実は宗教でしか教えてくれません。この真実に基づいて、私たちはこの世に幸福な世界を実現しようとしています。

「人間とは何か」という根源的な問いかけに対して明確に答えている政党はほかにありません。自民党も民主党も難しいでしょう。共産党は主義主張がはっきりしていますが、「神など存在しない。人間は偶然に生まれたモノだ。あの世などない。死んだら終わりだ。人間に差があるのは悪だ。人間は平等でなくてはならない。この世の生命を長らえることが大事だ」という考え方に立っていて、幸福実現党とは真逆の立場です。

でも、真実はどちらか一つです。私はあくまでも「あの世はある」と考えていますし、幸福実現党は、「魂の幸福」まで考えている政党なのだということを訴え続けていくつもりです。

――そういう話をしたときの有権者の反応はどのようなものでしょうか。

河野　会話をしていると、亡くなられたご家族のお話が出ることがよくあります。そのときに、「あの世は百パーセントありますよ。あの世に還られています。人間は死んだら終わりではありません」とお話しすると、安心していただけます。家族葬のお手伝いをするときなどにも、こうした話をさせていただくのですが、涙を流しながら、うなずかれる方がいます。

幸福実現党が活動し続ける理由

――河野さんはもともと養護学校の教師をされていて、それから宗教家に転身し、幸福の科学で支部長を務められていますね。

河野　私の人生は、ずっと「人は変わることができるか」がテーマでした。小学校四年生の頃、両親が不仲だったので、私は家から飛び出て不良グループに入るなど、母親に迷惑をかけていました。ところが、五年生のとき、担任のT先生に出会って、私は百八十度変わり、超真面目になったのです。

T先生は、「河野がいないクラスは太陽のないクラスだ」「河野は中学校に行ったら伸びる」と言ってくれたので、嬉しくて一生懸命勉強するようになりました。そうしたら本当に中学から学力が伸びたのです。「人って変われるんだ」と実感しました。それでT先生に憧れて、教師の道を選びました。

――大川総裁の教えには、どのようにして出合われたのですか。

河野　教師をしていた時代に本を読み始めました。やはり、「人の心は変えられる」という自己変革の教えにすごく惹《ひ》かれましたね。

読んだことを実際に仕事に活かしてみたら、本当に人が変わるのを目《ま》の当たりにしたのです。当時、養護学校では、生徒に自閉症で多動の子供たちがいたのですが、一部の教師は彼らに対して力ずくで押さえ込むような教え方をしていました。幸福の科学は、精神に障害のある人でも「魂は健全である」と教えているのですが、それを信じて、力ではなく、言葉で子供たちに語りかけてみたのです。半年、一年と、根気よく語りかけていったら、多動の子供が落ち着いて、人の話をじっと聞けるようになったのです。

これほど人の心を変えてしまう幸福の科学って、なんてすごいんだと驚きました。それで、教師の仕事も大好きでしたが、もっと人を救える仕事、つまり、宗教家になりたいと思ったわけです。

宗教家として幸福の科学に奉職して以来、地元の支部長として、のべ三千人以上の方々の悩み、苦しみの救済に携わってきました。そして、多くの人たちが自分の心を変えて幸せをつかんでいくところを見てきました。

――ぶれずに政治活動を続けていく理由は何でしょうか。

河野　幸福実現党がやっていることは政策も含めて正しいと信じているからです。実際、「信念を曲げずに、正論を正々堂々と訴えている姿に心打つものがありました」という声をいただいたこともあります。嬉しかったですね。

真実を知ることは大切です。真実が分かれば、何をすべきかがはっきり分かります。今、日本に必要なのは真実を伝える人や組織です。幸福実現党が存在し、活動し続ける理由がここにあると思います。私は、地元の宮崎県、そして日本が大好きです。「この国に生まれてよかった」と言える誇り高き国づくりのために、これからも頑張ります。（談）

4 幸福実現党の挑戦

宗教政党だから言えること

北朝鮮・中国の軍事的脅威、不況の到来——五年前に幸福実現党の候補者たちが声を嗄《か》らして訴えた国難到来の警鐘は、同党が立党した二〇〇九年当時は、国民に十分に理解されていたとは言い難い。

しかし、警告通り、北朝鮮はミサイルを撃ち続け、中国は領海侵犯を繰り返すなど、尖閣奪取の意思をあらわにし、民主党政権の失政で不況が深刻化すると、幸福実現党の先見性を認め、杉原氏のような理解者や、安田氏のような支持者が現れ始めた。また、同党は、国防強化や歴史認識問題などで保守系の有識者との連携も深めており、宗教を母体とする政党が、宗教的信条を真正面に掲げて政治的な発言をすることへの違和感も少しずつ薄れ始めているようだ。

なお、幸福実現党の先見性については、幸福実現党の創立者である大川隆法総裁の発言を、現実の出来事と比べながら振り返ってみると分かりやすい。

【二〇〇八年一月二十六日】

「今しばらくは、政治的、経済的に不安定な状況が続くと思います。（中略）**『数多くの企業が倒産する。そして、数多くの失業者が生まれる』ということが予見されます」**（法話「朝の来ない夜はない」）

▼二〇〇八年九月十五日　リーマンショックが起きる。

【二〇〇八年十一月九日】

「アメリカが、世界の警察官としての使命を放棄する可能性がある」（法話「仏《ぶっ》国土《こくど》ユートピアの実現」）

▼二〇一三年九月十日　米オバマ大統領「アメリカは世界の警察官ではない」と表明。

【二〇〇八年十一月二十二日】

「次は、当然、尖閣諸島を取りに来ます」（法話「気概について——国家入門」）

▼二〇一〇年九月七日　尖閣諸島沖で中国漁船との衝突事件発生。

【二〇〇九年四月五日】

「今朝の十一時半に、北朝鮮が『テポドン二号改良型』を発射いたしまして」（法話「人生を生きる智慧——シンプルライフの勧め——」）

▼当日や翌日のテレビ・新聞報道では、北朝鮮のミサイルをあいまいに「飛翔体」と表現したが、大川総裁は発射直後に誰よりも早く「ミサイル」と特定し、発信。

［二〇一一年三月十五日］

「今後、左翼系から原発廃止運動がそうとう出てくるだろうと思われます。（中略）原発に替わるエネルギー源が出てこないうちは、単なる恐怖症によって原発を簡単に手放してはいけません」（法話「震災復興への道」）

▼当時の菅首相の下で、全国の原発は稼動を停止するが、その後、世論は再稼動の必要性を認める方向に動いている。

ほかにも、ロシアやインドの外交上の重要性の指摘、中国投資のカントリーリスク、民主党政権による不況の深刻化、憲法改正の必要性、経済成長の必要性、インフレ目標の導入、大胆な金融緩和の必要性、二百兆円規模の未来投資、ゆとり教育批判、いじめ防止法の制定など、他党に先駆けて数々の政策を提言している。

そのなかには、他党の政策にも採り入れられ、自民党政権で実際に導入されたものもある。

いずれも選挙における不利や、世評における不人気、見通しが外れたときの実績の毀損《きそん》というリスクを負って発言している。なぜ、幸福実現党は、そこまでして戦い続けるのか。大川総裁は、その理由を、二〇一四年三月の法話「驚異のリバウンド力」における質疑応答で、次のように述べた。

「結果だけを見て、『まだまだ大したことはない』と思っているかもしれませんが、言論が命中していることの威力は、後になるほど大きくなっていきます。

五年、十年経ったとき、『振り返ってみたら、どうであったか』ということは、全部、検証できることです。『どこが言っていたことが正しかったか』ということは、全部、調べてみたら分かることなのです。

『公約とまったく違うことばかりやっているところが、いつも与党をやっている』というのは、おかしいことです。

したがって、どこかで反省が求められなければいけません。その反省が、『自浄作用』と言われるものだと私は思います。

私たちは、単に選挙運動だけをしているわけではないのです。同時に、国の浄化もしているのです。さらに、国の浄化を通じて、世界の浄化もしようとしています。実は、私たちの目標のなかには、もっと大きなところまで入っているために、何度負けても、リバウンドして戦おうとしているわけです」

幸福実現党はどこに向かうのか

では、これから幸福実現党は、どこに向かっていくのだろうか。

大川総裁が二〇〇九年四月に説いた立党宣言である法話「幸福実現党宣言」のなかで、宗教政党を創立した目的について、マルクスの『共産党宣言』を引き合いに出して、次のように述べている。

「『幸福実現党宣言』は、『神仏の存在を認め、正しい仏法真理を信じる人々の力を結集して、地上に、現実的ユートピアを建設する運動を起こす。そして、その政治運動を、日本を起点として起こしつつも、万国の人々にもまた波及させていく。

正しい意味での世界同時革命を起こすつもりである』という宣言です。
このように、『マルクスの逆をやるつもりである』ということであり、人類を不幸にする一切の政治的な勢力と決別し、対決し、真理を地上に根づかせて、その真理に基づいた国家運営、政治運営をなしたいと考えています」

つまり、宗教をアヘンと言った唯物論、無神論的な考え方では、人々は幸福になれないという立場から、逆に、宗教的な政治こそが人々を幸福にできると訴えているわけだ。

幸福実現党の政策は、長期的・大局的なものが少なくない。

二〇〇九年に発表した「新・日本国憲法試案」はその典型で、国防の問題は無論、宗教立国の必要性、天皇制の問題など、根本的なレベルで国のあるべき形を示している。また、日本の武力保持を縛る九条問題については、現実の改正の困難を考慮して、憲法解釈の変更によって有事に対応する方法を提示したりもしている。

歴史認識問題も同様で、二〇一三年に、河野談話や村山談話を無効とするための「大川談話―私案―」（一五八ページ）を発表。「先の大東亜戦争は、欧米列強から、アジアの植民地を解放し、白人優位の人種差別政策を打ち砕くとともに、わが国の正当な自衛権の行使としてなされたものである」との歴史認識を明らかにしている。

さらに、少子化問題を克服して、国民総生産を世界一にするための方法として、アベノミクスのもとになる経済成長戦略を示し、人口増加政策としての移民政策、年金問題解決の方法、税制のあり方についても具体案を発表している。

国際問題については、緊迫する東アジアや中東情勢を平和に導くための意見も積極的に発信している。それも、守護霊の霊言という形で、アメリカのオバマ大統領を皮切りに、安倍晋三首相、北朝鮮の金正恩《キムジョンウン》第一書記、中国の習近平《しゅうきんぺい》国家主席、ロシアのプーチン大統領、タイのインラック首相、韓国の朴槿恵《パククネ》大統領など、世界の指導者の本音をリアルタイムで公開することで、国際世論に影響を与えようとしている。

こうした独自の宗教的なスタイルで政治的な発信を続ける理由については、二〇〇九年十月の法話「天命を信じよ」で、次のように説明されている。

「『本来は、神仏から委ねられた人が、神仏の思いを実現し、現実の政治をなしていく』というのが理想の政治です」

霊言に基づいた政治活動も、「神仏の思い」を明らかにする狙いがあるようだ。信仰心が希薄になった現代日本において、幸福実現党のこうした取り組みは、戦後、失ってしまったものを取り戻すための挑戦でもあるのだろう。

幸福実現党（2014年3月現在）

〔立　　党〕2009年5月23日
〔英語表記〕The Happiness Realization Party
〔創立者兼党総裁〕大川隆法
〔党指針書〕『幸福実現党宣言』（幸福の科学出版）
〔党　　首〕釈量子
〔主要政策〕・消費税 ―――― 増税反対
・憲法 ―――― 改正すべき
・集団的自衛権 ―――― 行使容認
・道州制 ―――― 反対
・TPP ―――― 賛成
・原発 ―――― 再稼動
・国防 ―――― 強化
・河野・村山談話 ―――― 撤回

大川隆法　新・日本国憲法　試案

二〇〇九年六月十五日

前　文	われら日本国国民は、神仏の心を心とし、日本と地球すべての平和と発展・繁栄を目指し、神の子、仏の子としての本質を人間の尊厳の根拠と定め、ここに新・日本国憲法を制定する。
第一条	国民は、和を以て尊しとなし、争うことなきを旨とせよ。また、世界平和実現のため、積極的にその建設に努力せよ。
第二条	信教の自由は、何人に対してもこれを保障する。
第三条	行政は、国民投票による大統領制により執行される。大統領の選出法及び任期は、法律によってこれを定める。
第四条	大統領は国家の元首であり、国家防衛の最高責任者でもある。大統領は大臣を任免できる。
第五条	国民の生命・安全・財産を護るため、陸軍・海軍・空軍よりなる防衛軍を組織する。また、国内の治安は警察がこれにあたる。
第六条	大統領令以外の法律は、国民によって選ばれた国会議員によって構成される国会が制定する。国会の定員及び任期、構成は、法律に委ねられる。
第七条	大統領令と国会による法律が矛盾した場合は、最高裁長官がこれを仲裁する。二週間以内に結論が出ない場合は、大統領令が優先する。
第八条	裁判所は三審制により成立するが、最高裁長官は、法律の専門知識を有する者の中から、徳望のある者を国民が選出する。
第九条	公務員は能力に応じて登用し、実績に応じてその報酬を定める。公務員は、国家を支える使命を有し、国民への奉仕をその旨とする。
第十条	国民には機会の平等と、法律に反しない範囲でのあらゆる自由を保障する。
第十一条	国家は常に、小さな政府、安い税金を目指し、国民の政治参加の自由を保障しなくてはならない。
第十二条	マスコミはその権力を濫用してはならず、常に良心と国民に対して、責任を負う。
第十三条	地方自治は尊重するが、国家への責務を忘れてはならない。
第十四条	天皇制その他の文化的伝統は尊重する。しかし、その権能、及び内容は、行政、立法、司法の三権の独立をそこなわない範囲で、法律でこれを定める。
第十五条	本憲法により、旧憲法を廃止する。本憲法は大統領の同意のもと、国会の総議員の過半数以上の提案を経て、国民投票で改正される。
第十六条	本憲法に規定なきことは、大統領令もしくは、国会による法律により定められる。

以　上

〈大川談話――私案――〉（安倍総理参考）

わが国は、かつて「河野談話」（一九九三年）「村山談話」（一九九五年）を日本国政府の見解として発表したが、これは歴史的事実として証拠のない風評を公式見解としたものである。その結果、先の大東亜戦争で亡くなられた約三百万人の英霊とその遺族に対し、由々しき罪悪感と戦後に生きたわが国、国民に対して、いわれなき自虐史観を押しつけ、この国の歴史認識を大きく誤らせたことを、政府としてここに公式に反省する。

先の大東亜戦争は、欧米列強から、アジアの植民地を解放し、白人優位の人種差別政策を打ち砕くとともに、わが国の正当な自衛権の行使としてなされたものである。政府として今一歩力及ばず、原爆を使用したアメリカ合衆国に敗れはしたものの、アジアの同胞を解放するための聖戦として、日本の神々の熱き思いの一部を実現せしものと考える。

日本は今後、いかなる国であれ、不当な侵略主義により、他国を侵略・植民地化させないための平和と正義の守護神となることをここに誓う。国防軍を創設して、ひとり自国の平和のみならず、世界の恒久平和のために尽くすことを希望する。なお、本談話により、先の「河野談話」「村山談話」は、遡《さかのぼ》って無効であることを宣言する。

平成二十五年　八月十五日

第四章

理想の大学開学を目指して

1　教育界の超新星「幸福の科学学園」

政治にとどまらず、幸福の科学は教育事業にも進出している。二〇一〇年四月には、栃木県那須郡に全寮制・男女共学の幸福の科学学園中学校・高等学校（那須本校）を開校したばかりだが、早くも大きな実績をあげている。

那須本校の一期生は卒業後、東京大学二名をはじめ、大阪大学、お茶の水女子大学、東京外国語大学、上智大学、東京理科大学、明治大学など、有名大学に続々と進学した。なかには全国学力模試で一位になる生徒も複数おり、開校三年目としては快挙と言える華々しい成果を出している。さらに続く二期生は、東京大学合格者をはじめ、早稲田大学二十四名、慶應義塾大学四名など、数々の難関大学で合格実績を出した（二〇一四年三月十日現在）。

那須本校は、大自然に囲まれており、近所に通える塾はない。日本の高校生の三人に一人が塾や予備校に通っている（文部科学省「子どもの学習費調査（平成二十二年度）」）という現状を考えれば、見事な成績である。

部活動でも輝かしい成果を出している。

特に、今や地元の〝名物〟となっているチアダンス部の活躍は目覚ましい。二〇一三年には、一月に「ダンスドリルウィンターカップ2013」で中学生が団体総合優勝。続く三月には国内最大級のチアダンス大会である「USA Nationals全国大会」で全国優勝を果たした。アメリカ・ロサンゼルスで行われた四月の「ミスダンスドリル世界大会」では「ジュニア・オープン・ラージ部門」で準優勝。さらに、八月に行われた「全国高等学校ダンスドリル選手権」「全国中学校ダンスドリル選手権」では、高校生が「ソングリーダー部門スモール編成」で初の全国優勝、中学生は団体総合優勝に輝き、二〇一四年四月に行われる世界大会への出場権を手にした。その後も、十二月に行われた「JCDA全日本チアダンス選手権全国大会」で、高校生が「POM部門スモール編成」で三位入賞、中学生が「POM部門ラージ編成」で優勝。二〇一四年三月に行われる「USA Nationals全国大会」にも中高ともに出場が決まっている。

テニス部の活躍も人目を引いている。中学・高校の男女ともに、開校二年目から関東大会出場常連チームとなった。二〇一二年八月には、高校男子シングルスでインターハイ（全国高校総体）に出場している。

ほかにも、美術部からは、「平成二十五年度 愛鳥週間ポスター原画コンクール（全国大会）」（総応募点数六万四千四百六点）で入選者を輩出するなど、数多くの実績を出している。

なぜ、創立間もない学校の部活動が、このような成果を残せたのか。

生徒たちに訊《き》いてみると、胸を張って口々に「信仰心のおかげです」と答える。信仰心やそれに基づく感謝の心を大切にする宗教教育の成果が、学力や部活動において目に見える形で現われてきているわけだ。

2 寮生活の様子

那須本校は、栃木県の那須の山中に立地することもあり、全寮制となっている。生徒たちの生活はどうなっているのだろうか。

生徒数は、中高合わせて四百八十三名。宗教法人幸福の科学 総本山・那須精舎《しょうじゃ》に隣接する広大な敷地に、校舎棟、大川隆法記念講堂、体育館棟、グラウンド、カフェテリア、寄宿舎が立ち並ぶ。ハウスマスター（寮監長）、ハウスペアレント（宗教生活指導講師）と呼ばれる職員が常駐し、生徒たちの世話に当たるが、基本的に、洗濯、掃除など、身の回りのことはすべて生徒たち自身で行い、自立心を養《やしな》うようになっている。

生徒たちの一日の流れは、次の通りだ。

六時三十分。起床して、寮で朝の祈りと作務《さむ》（※）を済ませ、朝食をとる。八

※掃除をしながら心を磨く、宗教修行のこと。

時になると登校し、教室で「朝の祈り」をする。授業は、昼食を挟んで十五時三十分まで。放課後は、部活動もしくは学習時間に充《あ》てる。十八時から夕食をとり、十九時半から「夜の祈り」。十九時四十五分から二十一時四十五分まで、「夜の学業修行」に入る（希望する生徒は、夜の学業修行時間を延長することができる）。その後、二十三時に就寝となる。

寄宿舎には、全生徒が使える自習用エリア「自修館《じしゅうかん》」が完備されている。ほとんどの生徒は、夕食後の自由時間を、スマートフォンやテレビゲームに費やすのではなく、宿題や予習・復習に充てるという。

3 高貴なる義務（ノーブレス・オブリージ）

幸福の科学学園では、学力だけでなく、徳力の修得も目指している。

生徒たちに将来の夢を尋ねると、「多くの人の幸福のために、恩返しがしたい」ということを異口同音に語る。二言目には「感謝」の言葉を紡《つむ》ぐ。なかには、同学園に寄付をした人に対し、涙を流して感謝の思いを述べる生徒もいる。

二〇一三年に高等学校を卒業した一期生たちの声を聞くと、

「身近にいる友達や家族はもちろん、環境すべてに感謝の気持ちを持てるようになりました！」

「先生が、身を粉《こ》にして学園と生徒のために尽くしてくれていることに感動しました」

「最高の仲間を得ることができ、人生の目的も見いだすことができました」

「周りのすべての方々に本当に支えられていたことに気づき、それに対して心から感謝ができる自分になりました。神様を知ったら、おごり高ぶることはできませんし、自分の至らなさの自覚もできるようになり、謙虚になれました」

など、感謝の言葉が並ぶ（「幸福の科学学園中学校・高等学校　那須本校ガイドブック２０１４」より）。

現代の教育現場では、こうした言葉を口にすると、きれいごとのように思われ、嘲笑《あざわら》われることが多い。ときにはいじめの対象にもなり得る。だが、この学校では、こうした感謝の言葉を述べても、決して笑われることはない。「信仰」「努力」「感謝」「報恩《ほうおん》」といった言葉を、生徒が当たり前のように使っている。

その背景にあるのは、「高貴なる義務（ノーブレス・オブリージ）を果たす人材をつくる」という学園創立の理念だ。「ノーブレス・オブリージ」とは、「然《しか》るべき立場にある人間は、自らの欲得のためではなく、世の多くの人々の幸福のために尽くす義務がある」という考え方である。

学園の創立者である大川隆法総裁は、第二回入学式の記念法話「真のエリートを目指して」で、生徒たちに次のように語りかけた。

「すべては、みなさんの思いのなかにあります。心のなかに未来はあるのです。みなさんが、『何を考え、何を考え続けるか』ということが、『将来、どういう人

間になるか』ということを決めるのです。（中略）

そして、自分が何者であるかが分かったならば、（中略）あなたがたの聖なる使命を果たしなさい。

多くの人々の期待を受け、多くの人々の力や援助を受け、そして、自分の思うままに勉強や運動ができるみなさんであるならば、将来、それを社会に対してお返ししていくことが大事です。

今、学園生のために寄付をされている方々は、『その寄付を自分に返してほしい』などと誰も思っていません。『未来の日本人、未来の地球人のために努力し、それを十倍、百倍、千倍にしてお返しください』と願い、支えてくださっているのです。

そのことを、どうか忘れないでいただきたいと思います。

『真なるエリート』というのは、そうした使命感に裏付けられて、日々、聖なる義務を、聖なる使命を果たし続ける人間のことだと思います」

その理念に基づいて、生徒たちは、「真のエリート」、すなわち、高貴なる義務を果たせる人材となるべく努力している。

4 幸福の科学学園を理想の教育モデルに

真のエリートは、宗教教育によってこそ生み出されるというのが、幸福の科学学園の考え方だ。大川総裁は、第一回入学式記念法話「信仰と天才」でこう述べた。

「残念ながら、世間では、偏差値が上がり、大学進学率が上がっていけばいくほど、また、人々が〝よい大学〟へ行けば行くほど、信仰心が薄れてくる傾向があります。宗教に縁遠くなり、そういうことよりも、この世のほうに関心があって、唯物論というか、物質のほうに関心のある人が数多く生じてきます。

しかし、それは間違った世の中なのです。やはり、真実が真実として認められる世の中をつくらなければなりません。

その意味において、『信仰のある人が、きちんと勉強も仕事もできる』という未来社会をつくっていかなくてはならないのです。そうであってこそ、みなさんは、リーダーとして、世間の人々を導く立場に立てることになると思います。『信仰心がある人は勉強や仕事ができない』という見方を、私は決して認めたくありません。

したがって、みなさんには、多くの人々から理想とされ、まねされるような人間であっていただきたいと思います。

私たちの希望は大きいのです。私は、日本のリーダーをつくるために、この学校をつくったのではありません。世界のリーダーをつくるために、幸福の科学学園をつくったのです。そのことを、どうか忘れないでください。

幸福の科学学園は一つのモデルです。このモデルが世界に広がっていきます。幸福の科学学園は、やがて海外にもできていき、世界のモデルになっていきます。その源流に、今、みなさんはいるのです。

『みなさんが、どういう人間になっていくか』ということが、これからの世界の方向を決め、世界のリーダーのあり方を決めます。世界の人々が、みなさんを見るようになっていきます。

私たちの志は限りなく大きいのです。

どうか、そうした私たちの情熱を受け止めていただきたいと思います」

このような高い理想のもと、幸福の科学学園は、二〇一三年四月に早くも二校目を開校した。滋賀県・琵琶湖のほとりにたたずむ、幸福の科学学園関西中学校・高等学校である。

「自らを律し、自由闊達《かったつ》に、限りない繁栄を求める精神」を校風とし、医療関係者や企業家の輩出を目指す。全寮制の那須本校と違い、寮か通学かを選択できる。

まだ一年生しかいない初年度ながら、ダンス部は「全国中学校・高等学校ダンス部選手権全国大会」に出場した。ほかにも、英語コンテスト「The 19th

Friendship Cup Recitation Contest」で奨励賞を受賞するなど、「一年生のみ」というハンデをものともせず、成果をあげ始めている。

5 幸福の科学大学、開学へ向けて

そして今、いよいよ幸福の科学グループは、二〇一五年に「幸福の科学大学」を開学すべく漕ぎ出している。

千葉県長生村《ちょうせいむら》の宗教法人幸福の科学 千葉正心館《しょうしんかん》に隣接する広大な土地に、すでに大学施設の建設が始まっている。都内から電車とバスを乗り継いで、一時間十五分の場所で、九十九里浜と太平洋が一望できる風光明媚《めいび》な土地だ。構内には寮が完備される予定で、一年次は勉学に集中できるよう、入寮が勧められる。

開学時に創設されるのは、人間幸福学部、経営成功学部、未来産業学部の三学部である。

「人間幸福学部」は、幸福の科学の教学《きょうがく》を基礎として、「人間を幸福にする考え方とは何か」を学問として学ぶ。宗教、哲学、思想、歴史、地域文化の研究、外国語などを学ぶ人文学系の学部となる。また、英語教育にも力を入れる。

「経営成功学部」は、社会科学系のカテゴリーに入る。経営で百戦百勝するための学問（経営成功論）、経営者研究、経営管理理論、財務会計などの企業経営領域、さらに国家経営や地方公共団体、NPOなどの公共経営分野も学ぶ。

「未来産業学部」は、既存の分類では工学部に当たるが、「人々の幸福を具体化するための、新たな産業創出」を使命とし、電気、機械工学、宇宙物理学を中心とした基本的な知識や技術をきっちり身に付けながらも、単なる技術者ではなく、宗教的な精神性と価値あるものを世の中に生み出す経営マインドも身に付ける。

中学校・高等学校と同じく「高貴なる義務を果たす人材をつくる」という理念に加え、「『幅広い教養』を身に付け、『精神性の高み』を目指す」という教育目標を掲げている。

6 新宗教大学への期待と、新しい学問への希望

Interview

野田一夫（財団法人日本総合研究所 会長）

こうした、「新宗教が創る新しい大学」、しかも、「今まで誰も創ったことがない新しい学問」を志す幸福の科学大学に対して、実際にこれまで数々の大学の設立に関わってきた人はどのように見ているのだろうか。大学教授歴半世紀を超え、還暦後は三大学の設立に深く関わった後、相次いで三大学の初代学長を経験した野田一夫氏に、幸福の科学大学に対する期待と印象を率直に語ってもらった。

宗教をどう評価するか

――宗教というものを、どう考えておられますか。

野田　人間を「宗教に感化されやすい人と感化されにくい人」とに二分すれば、僕は典型的に後者だと思っています。野田家の故郷は盛岡。先祖は代々南部藩士。南部藩の宗教は曹洞宗《そうとうしゅう》（禅宗）。幸い曹洞宗は仏教のなかでも最も「宗教くさくない宗教」です。僕は、中学生の頃、禅寺に送り込まれて、一週間朝から晩まで坐禅の修行まで経験しました。しかし、修行中に般若心経《はんにゃしんぎょう》はそらんじましたが、仏への祈願を強制させられたことはありません。「自力本願」、僕はこの言葉が好きです。

ですから僕は、他人の宗教が気になりません。僕のワイフは、高校・大学ともミッション

野田一夫　プロフィール
（のだ・かずお）1927年愛知県生まれ。52年東京大学卒業後、同大学大学院特別研究生を経て、55年立教大学に赴任し、89年同大学教授を退任。その後、多摩大学、（県立）宮城大学、事業構想大学院大学学長を歴任。現在、（財）日本総合研究所会長。著書には『日本の重役』（ダイヤモンド社）、『財閥』（中央公論社）、『戦後経営史』（編著、日本生産性本部）、『私の大学改革』（産能大学出版部）など多数。なお、ドラッカーの学説の日本への紹介者、また多くのベンチャー経営者のメンターとしても知られる。

スクール出身の典型的クリスチャンで、今でも毎日曜に教会に礼拝に行き、僕のために祈ってくれているようですが、結婚して五十五年経った今日まで、僕に受洗《じゅせん》を勧めたことは一度もありません。しかし、僕の両親の死に水をとってくれたのも、四人の子供たちを立派に育ててくれたのも、生来わがままな僕の面倒を見続けてくれたのも……みんなワイフで、彼女のそういう人間形成は明らかにキリスト教が影響したはずですから、僕はその宗教を高く評価します。キリスト教の歴史的変遷過程ではいろいろなことがあったようですが、まともな教えであったからこそ、何千年にもわたって人々の信仰の的になったのでしょう。

その点、新興宗教の社会的評価が確立するには、どこの国でも時間がかかります。特にオウム真理教のような犯罪集団が新興宗教というカテゴリーに容《い》れられる日本の現状においてはなおさらでしょう。僕は縁あってこの数年、「幸福の科学」の信者の方々と親しくさせていただいていますが、さすがに「個人の幸福は、同時に、社会や国の幸福につながるものでなければならない」という基本理念に忠実に従って布教活動をしておられるだけに、みなさん、実に知的で和《なご》やかでかつ慎《つつ》ましいことに、深い感銘を抱いております。

ただ、僕は数十年前、「幸福の科学」という教団名に初めて接したときは、いささかびっくりしましたね。科学とは人間の英知の限界まで真理を探求する理性的営《いとな》みで、幸福とは人間の英知を超える精神的〝安らぎ〟の境地にほかなりません。極端に言えば、万人それぞれに内容の異なった〝幸福〟を希求する信者を擁する宗教団体が、その幸福を、人間の英知の限界まで絶対的真理を探求する〝科学〟の上に冠して自らの名前とされたからです。まさに〝絶対矛盾的自己同一〟。その宗教団体が母体となって設立される大学では、〝幸福〟というものを、本当に科学的に解明なさろうとしておられるのでしょうか……。

〝幸福〟の定義とは

――最近、経済学でも〝幸福〟という言葉が使われるようになりました。

野田　おっしゃる通りです。長らく一国の豊かさの指標とされたGNPないしGDPへの不満から、最近では単なる物的豊かさを超える新しい指標として〝幸福〟の最大を目指すべきだという社会科学者が増えてきましたが、問題は、究極的に個人的情感である〝幸福〟に対して万人が納得する定義を下せたとしても、それを計量化することは、どう考えても不可能に思えるからです。

〝幸福〟の定義で僕が納得できたのは、経済学の祖と言われるアダム・スミスのもの（「健康で、借金も良心の呵責《かしゃく》もないこと」）だけですが、これは、彼が『国富論』を世に問う遙《はる》か以前、ある大学で倫理学を講じていた頃に出版した本のなかで述べたものです。僕はそれを、『国富論』を読んだ後に読んで、初めて、彼が『国富論』のなかで何を主張したかったのかを納得できました。アダム・スミスが豊かな感性の持ち主だったことが偲《しの》ばれます。失礼ながら、その後の経済学者の多くは、理性は過剰に発達している反面、感性の発達がそれに伴っているようには思えませんね……。

僕の年長の友人であったピーター・ドラッカーは「私は学者ではない。企業経営者を相手にするコンサルタントだから、強いて言えば社会生態学者だ……」とよく強調したものです。そんな学問は成り立ちようがありませんから、彼には、「学者には、企業のトップ・マネジメントのコンサルタントなどは務まらない」という自負があったのでしょう。社会科学のなかの最高権威は目下《もっか》、どこの国でも〝経済学〟ですが、冗談好きなドラッカーは、「私と経済学者の意見が一致するのは、私が経済学者ではないということだけだよ……」と言って笑ったものです。〝幸福の科学〟の定義に関して、ドラッカーの意見を聞いてみたかったですね……。

幸福の科学大学への期待

――幸福の科学大学に対して期待しておられることがあれば……。

野田　僕は半世紀以上にわたって、実に多くの経営者とお目にかかってきました。松下幸之助や本田宗一郎という伝説的な名経営者にも直接話を聞き、感銘を受けました。お二人はその実績から見て、それぞれ天才的な商人であり、天才的な技術者に違いありません。ただしお二人と接して、「こうすれば成功できる」という企業経営の鉄則とか原理というものはないというのが実感です。

成功に至った軌跡や方法はまったく違います。ただ、あえて共通点を一つ挙げるとすれば、お二人とも〝天賦《てんぷ》の才能〟を思う存分発揮されたことで、そのため、自分に不向きなことを補完してくれる部下、というより同僚をとことん信頼したこと。松下さんなら高橋荒太郎さん、本田さんなら藤沢武夫さんがその象徴的人物と言えましょう。

人間はすべて万能でもあり得ませんから、芸術などと違って企業経営を志す天才は、自らの理念に共鳴する多くの異能の人材の協力によってその人らしい成功への道を一歩一歩歩んでいったのです。そのことは、どこの国でも同じ。米国の鉄鋼王として知られるカーネギーの墓石には、『己より優れた者を部下とし、ともに働く業を知れる者、ここに眠る』というような一文が刻まれているそうです。

幸福の科学大学では、新たに経営成功学部を創設されるそうですが、「こうすれば成功できる」といった安直な現実主義的教育がなされるはずはありませんが、幸福の科学の教義を基礎とした言葉の真の意味の pragmatic（実用主義的）な教育が実を結ぶことを期待します。本当に成功者といえる経営者は、特定の宗教の信仰者ではなかったにせよ、実質的には幸福の科学の教えに等しい理念を心の支えにし、失敗を繰り返しながらも、結局は輝かしい成功を収めたと信じます。こういう厳しくも生きがいのある人生への挑戦意欲をこそ、ぜひ学生たちの若い心に叩き込んでいただきたいものです。

素晴らしい未来を創造する若者たちを世に送り出す幸福の科学大学の創設とその成果に対し、熱い期待をかけております。（談）

7 幸福の科学大学とは、どんな大学なのか

Interview

九鬼《くき》一《はじめ》（幸福の科学大学学長（就任予定））

幸福の科学大学の具体的な内容について、もう少し詳しく見ていきたい。同大学の九鬼一学長（就任予定）に訊いてみた。

幸福の科学大学の創立目的

——幸福の科学大学創立の目的を教えてください。

九鬼　本学の建学の精神は、「幸福の探究と新文明の創造」です。

まず、「幸福の探究」ですが、これは「人類普遍の原理である、人間を幸福にする方法を、学問として正面から研究し、教育していこう。それによって、多くの

人を幸福にすることができる人材を養成していこう」という願いが込められています。創立者である大川総裁が説かれる「仏法真理《ぶっぽうしんり》」を、学問の領域で、普遍的に、多くの方に修《おさ》めてもらうことがその理念です。

また、「新文明の創造」は、母体である宗教法人幸福の科学の活動目的とも重なりますが、「未来の人たちを幸福にする学問の力で新しい文明を創っていこう」ということです。宗教、思想や文化などの学問の統合的理解と構築、また、国家、地方公共団体、NPO、国際機関や民間企業の経営を成功させるスキルの習得、さらに、食糧危機やエネルギー危機、災害や戦争から人類を守り、進化させるための科学技術の開発といったことに、大学という学問の場で教育・研究をしていく大切な使命を自負しています。

――少子化で「大学全入時代」とも言われているなか、なぜ新しい大学を創るのですか。

九鬼　確かに、今まである大学と同じような大学が一つ増えるだけならば、社会に対して、それほど大きな貢献はできないと思います。今、日本には八百近くの大学が存在していますが、有名大学の多くは、明治期の「欧米に追いつけ、追い越せ」の時代につくられた考え方がもとになっています。外国ですでに確立した学問を導入して吸収していくことを基本スタンスとした大学になっているのです。

過去の知識を学ぶことも非常に大事ですが、それだけでは、過去の延長線上の未来しか描けません。私たちは、「人間の幸福とは何であって、何のために人は生まれてきたのか」という根本問題に立ち返った上で、宗教的な価値観をしっかり心のなかに宿し、この実社会を良き方向に変革していこうとしているわけです。そのために、新しい未来を創造できるような大学を創りたいと考えているのです。

「真のエリート」を輩出する

九鬼　新しい大学を創る理由は、もう一つあります。それは、既存のエリート観を変え、「真のエリート」を輩出することです。

一流大学を卒業したエリートと言われる方々に対して、世間一般には「自分の出世やお金のために、習得した知識や経歴を使っているのではないか」という批判があります。私たちは、こうした「セルフィッシュなエリート像」ではなく、「利他《りた》の精神を持った真のエリート」を輩出したいと考えています。そして、そのためには、「教育のあり方から変えなければいけない」という問題意識を持っています。

「現在の教育で、何が問題なのか」と言えば、「人間はこの世だけで生きている存在であって、それがすべてなんだ」という考え方です。「この世の生がすべて」という考えは、一見、「科学的で学問的」であるかのように見えますが、突きつめていくと、「やっぱり、この世で得をしたほうがいいんだ」という結論になってしまいます。この考え方が、「セルフィッシュなエリート」を生み出す大きな原因となっているのです。

加えて、現在の教育では、道徳的なことですらあまり教えていません。残念ながら、「勉強すればするほど、セルフィッシュな人間ができ上がってくる」という傾向が出てきています。それが前述の批判につながってくるわけです。

本学を擁する学校法人幸福の科学学園の理念に、「『高貴なる義務（ノーブレス・オブリージ）』を果たす真のエリートを生み出す」という柱があります。

教育を受けることは、非常にお金のかかることですし、自分たちだけでできるわけではありません。本学も、創立者である大川総裁の建学の理念と教育に対する情熱に心打たれた信仰心の篤《あつ》い方々から尊い寄付をいただいて、その浄財によって大学ができ上がっており、そこで学ぶ学生もその恩恵を得られるわけです。

ですから、「その恩恵を、社会に、そして、未来の人たちに還元していこう。それが、ここで学んだ一人ひとりの大切な使命なのだ」ということを、信仰のもとにしっかりと心に宿して、「そのために自分たちは一生懸命勉強しなければいけない。学ぶのは決して自分のためだけではないのだ」という思いのもとに、自らをつくり上げていく。そういう学生を多数、輩出していきたいと思っております。

幸福の科学大学の環境

――都心から離れた千葉県の長生村に建学する理由を教えてください。

九鬼　日本だと有名大学は、比較的、都市に集中して建てられていますが、アメリカのアイビーリーグなどの有名大学は、郊外につくられていることが多いのです。また、ハーバード大学や、エール大学、プリンストン大学などはどこも、神学校から発展してきている大学です。そこから神学部、文学部、社会学部、医学部などが生まれてきたのです。

本学も宗教大学ですから、都市の喧騒《けんそう》から一定の距離を取ったところで、宗教生活とともに勉学に励むというのは、大変有意義なことではないかと思っています。都市には情報はたくさんあふれていますが、その分、気が散りやすいというデメリットもあります。限られた学生時代を勉強に集中させるのに適していると は必ずしも言えません。

「田舎にある大学では、社会的知性が身に付かないのではないか」と不安に思われる方もいますが、先ほども述べたように、海外の優秀な大学は、郊外にあることがほとんどです。現在、世界的に活躍している人たちは学生時代、そういった環境で教育を受けています。それを見れば、「都市の学生には社会性が身に付き、田舎では社会性が身に付かない」と一概には言えません。

また、幸福の科学学園中学校・高等学校（那須本校）は、栃木県の山間に建てられた全寮制学校ですが、初年度から顕著な進学実績を出しています。これは、生徒たちの努力研鑽《けんさん》の賜物ですが、そのもとになる宗教教育の結果でもあります。「教育というのは、立地ではなく内容が大事なのだ」ということを感じています。

本学に集う学生も、太平洋の大海原を見つめながら、「ここから、世界に漕ぎ出していくんだ。そして、世界に新文明を創っていくんだ」という希望を胸に、自らを鍛え上げ、磨き上げていっていただければと思います。なお、東京駅から特急と車で一時間十五分程度でキャンパスに到着するので、都会からほどよい距離であるとも言えるでしょう。

「ピラミッド型礼拝堂《らいはいどう》」の意味

――学内には「ピラミッド型礼拝堂《らいはいどう》」が建設されると聞きましたが、どういった意味があるのですか。

九鬼　礼拝堂は、本学の大きな特色の一つです。この礼拝堂は、校舎に囲まれた中心にあります。

礼拝堂では、日々の祈り、反省、瞑想により自らの信仰を調《ととの》えることができます。学生も教職員も、勉強や研究の合間に、天上界の偉大な霊存在に祈り、願いやビジョンを伝え、インスピレーションによる指導を受け、「そうか。こういうふうにしたらいいのか」と、指針を得ることができます。あるいは取り組んでいる課題に対し、「果たして、これは正しいのかどうか」ということを、自分自身の心に問いかけていく場にもなります。

新文明建設を志す上で、実在界と呼ばれる霊的世界との交流は、どうしても必要なことです。

ピラミッド型にしている理由は、いくつかあります。ピラミッドは古来、霊界や宇宙との交流の象徴でもあります。考古学上の検証はまだですが、エジプト文明より古いアトランティス文明（※）においても、ピラミッドは用《もち》いられていました。この文明の指導者をトス（トートとも呼ばれる）と言います。当時、ピラミッドは、エネルギー発信装置、宗教的儀式、また宇宙との交信基地として使われていたそうです。

ですから、現代よりも進んだ面を有していたと言われるアトランティスの科学文明を一つの学問的理想として、学生たちがトス神《しん》から未来文明に向けた霊的指導を受けられるよう、願いを込めております。

この礼拝堂は学業や運営に支障がない限り、一般公開する機会を設けることも考えています。

独特な学部における勉強内容は？

――他の大学にはない学部名ばかりですが、勉強する内容は、他の大学とどう違う

※ギリシャの哲学者プラトンが『ティマイオス』『クリティアス』のなかで記述している。

のですか？

九鬼　一般に学部名称には、学ぶ学問の分野を示すものが多いですね。しかし、本学は「人間を幸福にする」学問、「経営を成功に導く」学問、「未来の産業を創出する」学問という方向性が明示されています。そして、世の中のさまざまな大学、学部と本学の違いは、「幸福」という理念が貫かれているところです。

これは、母体である「幸福の科学」の名前の由来にもなっているわけですが、「人間の幸福とは一体何であって、どのようにしたらそれをつくり出していけるのか」という観点から、さまざまな科目を学んでいくので、結論が、「人間を幸福にすること」とはっきりしています。ある意味、非常に効率的なのです。経営の成功も未来産業の創出も人間の幸福のためです。

また、ゆくゆくは大学院を設けて、新しい研究にも取りかかるつもりです。日本は、先端分野の航空宇宙関連は残念ながら、それほど進んでいませんので、そこへのトライとして、宇宙船の航行原理も研究したいですね。

まず、大きな夢を描かないと、大きなことは達成できません。「はじめに思いありき」で、「何でも挑戦してみよう」という気概がなければ、新しい時代を開いていくことも、新文明の建設もできないと思うのです。

「百年前に夢だったものが、今は現実になっている」ということは、たくさんあるでしょう。ですから、限りないフロンティアを目指して今から夢を描いていくことが大切です。霊界や超能力の研究も大歓迎です。（談）

8　新しい大学が世の中に何をもたらすのか

幸福の科学大学は、初年度は定員二百六十名でスタートするという。進路としては、宗教家はもちろんのこと、起業家、経営者、一般企業や国際企業への就職、政治家、公務員、研究者、技術者などを想定している。学内にキャリアセンターを設け、一年生からキャリア形成の支援プログラムを受けられる。

語学にも力を入れる予定で、可能な限り、卒業時にはＴＯＥＩＣ七百三十点以上を取れるようにする。グローバル人材養成の一環としてＴＯＥＩＣ九百点以上を取った学生には奨学金の支給も予定されている。

未来の発展構想もすでに固まりつつある。まず、グローバル人材を育成するプログラムを核に、「国際学部」を新設する予定で、公共経営分野で法律・政治を中心に学ぶ「未来創造学部」も新しく設置する準備を始めている。理学系の「未来科学部」も構想中で、物理や化学、生物などを学ぶ。さらに、「教育学部」もつくり、日本の教育改革を促し、「医学部」の新設も構想している。

現在申請している三学部では、四学年揃った段階で定員千四十名となるが、段階的に規模を拡大し、十数年の間に、二倍、四倍、五倍と発展させ、その後は、世界各地にも分校をつくって広げていくという。

九鬼学長は、各界で活躍する卒業生たちのイメージについて、インタビューの最後にこう語った。

「多くの方々の幸福に役立つ学問を、実際に社会で生かしていっていただきたい。それから、国際社会で活躍できる発信型リーダー、つまり、既存の日本人のイメージを打ち破り、積極的に発言し、日本発の文化と新しい宗教の素晴らしさを伝えられる人材になっていただきたい。未来産業学部であれば、科学技術者、発明家、大学教授、さらにノーベル賞受賞者も出していきたいと思っています。

百花繚乱《ひゃっかりょうらん》たる新しい文明の担い手たちを輩出することができたら、幸福の科学大学の大きな成果となるでしょう。

また、創立者である大川総裁の学問にかける情熱、幼少の頃から続いている刻苦勉励の姿勢なども学生たちにしっかりと教え、感謝と精進の姿勢を持った人材をたくさん、世に送り出していきたいと思います。

さらに、既存の学問の世界は、霊的世界や宗教に対して目をつむっていたり、偏見を持っていたりすると思いますが、こうしたフィルターを取り払って、素直に『人間の幸福にとって何が本当に大事か』というところから、新しい学問を構築していきたい。新しい理念の大学で、理想の教育を実践し、研究成果を示すことで、世の中に貢献することが、必ずできると確信しています。

『二〇一五年のあのとき、幸福の科学大学ができてよかったな』と後の世の人たちに思っていただけるようにしていきたい。本学が二十一世紀に新しい文明を創っていくための発信基地になりたいと思います」

（現在、設置認可申請中のため、学部名などはすべて仮称）

学校法人　幸福の科学学園　　　　創立者　大川隆法

【幸福の科学大学】2015年４月開学（予定）
〔建学の精神〕「幸福の探究と新文明の創造」
〔教育の特色〕「幅広い教養」を身につけ、「精神性の高み」を目指す
〔理 事 長〕木村智重
〔学　　長〕九鬼一
〔立　　地〕千葉県長生郡長生村一松字中瀬丙 4427番 1
JR外房線「上総一ノ宮駅」または「八積駅」より車で約15分
〔学　　部〕人間幸福学部〈人間幸福学科〉／経営成功学部〈経営成功学科〉／未来産業学部〈産業技術学科〉
〔募集人数〕１学年 260名
（人間幸福学部 75名／経営成功学部 95名／未来産業学部 90名）
〔　寮　〕480名分（１年次は基本的に、全員入寮）

幸福の科学大学シリーズ発刊書籍一覧（2014年 3月現在・以降順次発刊）
①『新しき大学の理念』／②『「経営成功学」とは何か』／③『「人間幸福学」とは何か』／④『宗教学から観た「幸福の科学」学・入門』／⑤『「未来産業学」とは何か』／⑥『「未来創造学」入門』／⑦『プロフェッショナルとしての国際ビジネスマンの条件』／⑧『仏教学から観た「幸福の科学」分析』／⑨『幸福の科学の基本教義とは何か』／⑩『「ユング心理学」を宗教分析する』／⑪『湯川秀樹のスーパーインスピレーション』／⑫『比較宗教学から観た「幸福の科学」学・入門』／⑬『恋愛学・恋愛失敗学入門』／⑭『「現行日本国憲法」をどう考えるべきか』／⑮『未来にどんな発明があるとよいか』／⑯『もし湯川秀樹博士が幸福の科学大学「未来産業学部長」だったら何と答えるか』／⑰『政治哲学の原点』
（いずれも、大川隆法著、幸福の科学出版）

【幸福の科学学園中学校・高等学校（那須本校）】2010年4月開校
〔理事長〕木村智重
〔校　　長〕喜島克明
〔生徒数〕全生徒483名
（中学校1学年約60名、高等学校1学年約100名）
〔立　　地〕栃木県那須郡那須町梁瀬487−1
ＪＲ那須塩原駅からシャトルバスで30分
〔年間行事〕（主なもの）体育祭、御生誕祭、大鷲祭（文化祭）、合唱コンクール、探究創造科発表会、海外語学研修（オーストラリア、アメリカ）、エル・カンターレ祭
〔寮行事〕農業体験、花火、寮祭、外食会、那須観光等
〔卒業生の合格実績〕
（2013年度）
主な国公立大学――東京大学2人、大阪大学1人、お茶の水女子大学1人、名古屋大学1人、東京外国語大学1人、横浜国立大学1人、筑波大学2人、埼玉大学1人、三重大学1人、山口大学1人、佐賀大学1人、京都工芸繊維大学1人、高崎経済大学1人、北九州市立大学1人ほか
主な私立大学――上智大学4人、東京理科大学2人、明治大学7人、青山学院大学10人、立教大学2人、法政大学2人、学習院大学1人、関西大学1人、同志社大学2人、立命館大学1人、津田塾大学2人、東京女子大学1人、東京農業大学2人、成城大学1人、日本女子大学1人、明治学院大学6人、成蹊大学1人、南山大学1人、日本大学7人、東洋大学2人、専修大学5人、駒澤大学6人、中京大学3人ほか
（2014年度）
主な国公立大学――東京大学1人、東京工業大学1人、大阪大学2人、名古屋大学1人、神戸大学2人、筑波大学2人、お茶の水女子大学1人ほか
主な私立大学――早稲田大学24人、慶應義塾大学4人、上智大学2人、東京理科大学6人、青山学院大学3人、明治大学14人、立教大学2人、中央大学6人、法政大学4人、学習院大学2人、同志社大学2人、関西学院大学6人、立命館大学2人ほか
（2014年3月10日現在）

【幸福の科学学園関西校中学校・高等学校（関西校）】2013年4月開校
〔理 事 長〕木村智重
〔校　　長〕冨岡無空
〔生 徒 数〕全生徒174名（2014年3月現在）
（中学校1学年約70名、高等学校1学年約100名）
〔立　　地〕滋賀県大津市仰木の里東2−16−1
〔年間行事〕（主なもの）聖地四国巡礼（中1・高1）、体育祭、御生誕祭、翔龍祭（文化祭）、探究創造科発表会、海外語学研修（アメリカ西海岸、他）、エル・カンターレ祭

幸福の科学学園参考書籍一覧
『生命の法』／『教育の法』／『真のエリートを目指して』／『教育の使命』／『幸福の科学学園の未来型教育』／『ミラクル受験への道』／『じょうずな個性の伸ばし方』（いずれも、大川隆法著、幸福の科学出版）
『未来をひらく教育論』／『新時代の「やまとなでしこ」たちへ』（いずれも、大川隆法・大川咲也加共著、幸福の科学出版）

幸福の科学学園中学校・高等学校（那須本校）

第五章

教祖・大川隆法の歩み

今や、戦後最大規模の宗教となった幸福の科学だが、それをわずか一代で築き上げてきた大川隆法総裁。想像を絶する霊能力だけでなく、尋常でない知識・教養や経営手腕の持ち主であることもうかがわれるが、この世に生まれてから大悟《たいご》するに至るまで、一体いかなる人生を歩んできたのか。

今回、大川総裁の生誕の地、徳島県を訪れ、現地の人たちの協力を得て、若き日の大川総裁を知る人々に取材した。それらのエピソードを交《まじ》えながら、『太陽の法』（幸福の科学出版）、『若き日のエル・カンターレ』（宗教法人幸福の科学）等をもとに、大川総裁の軌跡を辿《たど》ってみたい。

1　生誕～幼少期

大川総裁は、一九五六（昭和三十一）年七月七日、徳島県麻植《おえ》郡川島町《かわしまちょう》（現吉

野川市川島町）に生まれる。父（法名、善川三朗《よしかわさぶろう》）と母、四歳上の兄（法名、富山誠《とみやままこと》）の四人家族だった。生家は、旧国鉄（ＪＲ四国）徳島線・阿波《あわ》川島駅から数十メートルぐらいの距離にあった。

当時、大川総裁の生家の並びに住んでいた下地光博《しもじみつひろ》さん（六十五歳）は、当時の川島町を振り返って言う。

「このへんは昔、情緒があったんです。小学校のグラウンドの向こうには麦畑が広がっていて、イナゴがよく獲《と》れたし、役場の近くの駐車場には大きな池があって、フナやコイ、ウナギ、何でも獲れた。小川沿いには柳が生えていて、川もきれいだったし、ホタルもいて、自然の眺めそのままでした」

付近の山では銅が採掘され、養蚕《ようさん》も盛んだったのに加え、子供がたくさんいて、町には活気があったが、高度成長期を前にして、町全体の暮らし向きは必ずしもよいとは言えなかった。大川総裁の家も、父親は勤めに出、母親は自宅で理髪店を営《いとな》み、共働きだった。そのため、大川総裁は生まれて間もなく、自宅から数百

幼稚園時代の大川総裁（前列右から２人目）と湯浅雅人さん（同３人目）

メートル離れた他家に、早朝から夕方六時まで預けられた。

その後、一九五八（昭和三十三）年から約二年間、大川総裁は、当時、川島神社の鳥居をくぐって上がっていくところにあった保育所に入所する。

一九六一（昭和三十六）年、川島幼稚園に入園し、腕白な五歳から六歳までの二年間を過ごす。その〝やんちゃ〟なエピソードのなかには、悪さをして暴れているところを、先生二人がかりで押さえられ、御神輿《おみこし》のように担《かつ》がれて園長室に連れて行かれ、園長先生に叱られたこともあったという。

当時、大川総裁は川島幼稚園の〝悪さの三羽烏《さんばがらす》〟と呼ばれた三人組の一人だった。そのなかのもう一人、湯浅雅人《まさひと》さん（五十七歳）が、持っていた三人の当時の写真（右ページ）を見せながら言う。

「やんちゃそうでしょう？　〝三羽烏〟というのは、大川総裁とT君と僕の三人のことでした。大川総裁と僕は、幼稚園から中学校までずっと一緒だったんです。僕の家から大川総裁の家までは二百メートルぐらいだったので、しょっちゅう遊びに行っていました。大川総裁とは仲が良かったですねえ」

2 小学校低学年

一九六三（昭和三十八）年四月、大川総裁は川島小学校に入学。当時の川島小

学校は、現在、川島東保育園となっているが、園内に残る二宮金次郎像が、かつて小学校だったことを示している。

前出の湯浅さんは小学生の頃の大川総裁について、こう語る。

「夏になると、毎年、川島では花火をやっていて、大川総裁と一緒に吉野川の土手に見に行きました。屋台や露店がいっぱい出て、楽しかったですね。

大川総裁とは、一緒に釣りにも行きました。今の川島小学校の裏手のほうにある用水で、ハエ（ハヤ）とも言いますが、雑魚《じゃこ》を何百匹も釣り上げました」

大川総裁は父親と二人で釣りに行くことも多かった。小学校三年生のとき、吉野川北岸の鴨島《かもじま》町に近い中央橋のたもとにある釣り場で、全長三十五センチほどの大きなコイを釣り上げたこともある。川島神社の裏手にある、吉野川の潜水橋《せんすいきょう》の川下あたりでは、よく毛鉤《けばり》でハヤを釣っていた。

大川総裁が兄と遊ぶ光景を目にした人もいる。生家の並びに住んでいた、三歳年上の湯浅新《はじめ》さん（六十一歳）だ。

「二人はよく路地でキャッチボールをしていました。でも、勉強時間があるから、遊ぶ時間は何時から何時までときっちり決めていたようで、だらだらしてはいなかったですね。『時間が来たぞ』とお兄ちゃんが言っていたのを覚えています」

小学校に上がると、毎月一冊ずつぐらい配本される子供向けの「世界名作全集」を、どれも面白く感じながら読んだ。また、小学校の図書館や近所の子供会の巡回文庫から、さまざまな本を借りて読んだりもした。一方で、小学校一、二年生で、月刊「文藝春秋」を読むほどの早熟ぶりも示した。伯母・中川静子《しずこ》が二回、直木賞の候補になった作家だったため、伯母が自宅を訪れると、夕食後、父親と兄とを交えて四人で文芸談義に花が咲き、作品の批評座談をすることもあった。

小学校二、三年生の頃は、『ハックルベリー・フィンの冒険』『十五少年漂流記』『トム・ソーヤーの冒険』『ロビンソン・クルーソー』などの冒険ものを好んで読みながら、自分でも物語を考えたりして、空想にふける。

その頃、父親が読んでいた宗教ものや霊界ものの本も、合間合間に読むことがあった。

また、漫画は五百冊ほど持っており、「離れ」の押し入れに積み上げていたが、そのことがいつの間にか知れわたり、近所の子供たちが勝手に入り込んで読んでいた。漫画には歴史ものが多かったが、『伊賀の影丸』『サイボーグ009』『サブマリン707』など当時流行していたものを読んだ。漫画雑誌の巻頭の特集ページにもさまざまな知識が入っており、情報源となった。

それだけ幅広い種類の本を読んでいたため、やはり漢字はよくできた。

「子供のときから、漢字をよく知っていました。小学校の低学年のときから漢字はすごかったと、お母さんが自慢していましたね」と前出の湯浅新さんは言う。

さらに、知能も人並み外れていた。小学校二、三年生の頃、担任の先生が家庭訪問した際、母親に「二十歳の大人と同じ知能（IQ〔知能指数〕二〇〇）です」と告げた。同級生だった湯浅雅人さんも記憶している。

「小学校時代、全校でIQテストを受けたのですが、大川総裁がすごかったのを覚えています。かなりIQが高かったと思います」

3 小学校高学年

中学二年生の兄が、高校受験の勉強を始める頃になると、夜中も勉強するために、家族の睡眠を妨げないよう、空き家になっていた「離れ」で勉強することになった。

この離れは、庭続きではなく、家を出て通りを歩いて二百メートル離れた所にあり、古い木造家屋だった。兄が一人で勉強するのは寂しかろうと、小学校四年生の大川総裁も一緒に勉強することになる。

夕食後、夜七時に家を出て、暗闇のなかを歩いて離れに移動。二階に上がり、六十ワットの裸電球を点《つ》けて、部屋に入り、勉強を始める。十一時半になると就寝し、朝六時半頃に、父親が犬のエサやりがてら迎えに来るという生活が始まった。

部屋は、南側が大川総裁の勉強部屋、北側が兄の勉強部屋だった。そこには、テレビも遊び道具もなかったが、父親に買ってもらっていた勉強机と椅子があった。机の上には電気スタンドがあり、当時は、この光が目に悪いと言われていたため、ひさしがついた緑色の帽子をかぶって勉強した。

離れは、庭にヘビが徘徊《はいかい》したり、部屋のなかに手のひら大のクモが入り込むようなところで、暖房もなく隙間風が吹き込んだ。冬に勉強するときは、腰に毛布を巻き、厚手のジャンパーを着て、頭には帽子、口にはマスクをして寒さをしのぎ、凍える手には鉛筆が持てるよう薄い絹の白手袋をはめた。

こうした環境のなかで、大川総裁は、学校の勉強はもちろん、市販の参考書や問題集を購入し、自分で勉強していった。そうした大川総裁の姿を、伯母・中川静子は「努力の人」と評している。

湯浅新さんは、離れに通う大川総裁の姿を覚えていた。

「すごく重たそうなカバンを持って、その建屋《たてや》(離れ)に行っていました。学生カバンがパンパンに膨れていたので、きっと辞書から何から全部入っていたのでしょう。塾も何もない時代に人並み以上に勉強していたんだと思います」

離れに行くようになってから、毎晩十二時近くまで勉強や考えごとをする習慣がつく。まるで将来の基礎をつくるかのように、十歳にして、一人でものを考える癖をつけ始めていたのだ。

小学校高学年になると、日本文学では夏目漱石や芥川龍之介などを読んだ。『シュバイツァー伝』を読んだときには、「三十歳になったら、人のために生きる」という内容に感銘する。山本有三《ゆうぞう》の『路傍《ろぼう》の石』や下村湖人《しもむらこじん》の『次郎物語』なども読んだ。この頃の読書量は、年に百冊から二百冊ぐらいだった。

また、この頃、小学校三、四年生の頃に父親が兄弟によく話していた『聖書』や『無門関《むもんかん》』などもパラパラとめくって見ていた。

湯浅雅人さんは、小学校時代の大川総裁の本を読む速さに目を見張ったという。

「大川総裁は本を読むのが好きでした。学校でも、みんながワイワイやっていても、一人で本を読んでいましたからね。ジャンルを問わずに何でも読んでいました。小学校五年生か六年生か、あるいは中学校一年生ぐらいだったかもしれませんが、本一冊をあっという間に読んでいました。普通の単行本なら、大川総裁は一冊読むのに三十分ぐらいでした。思わず、『ほんまに読んでるんかい？』って訊《き》きましたよ」

大川総裁は超文学少年かと思えば、理科少年でもあった。高学年のときの夏休みには、アリの生態や習性を研究し、表にまとめて発表したり、「なぜ積乱雲から雷が発生するのか」というテーマで、雷の発生原理を調べて発表したりしている。

小学校一、二年生のときは「行儀がもう一つ」という評価だったが、学年が上がるごとに成績はどんどん上がり、六年生の年間通算のテストの平均点は九十九・七点だった。平均点が百点にならなかった理由は、ある国語の試験で解答を記号で選ぶところを、言葉で記入したというケアレス・ミスによるものだった。

進路相談では、「灘《なだ》中学でも合格できるのではないか」と言われたが、父親の勧めで地元の川島中学校へ進学することになった。

当時、川島中学に入るには試験があり、その成績で生徒は四クラスに分けられた。その試験で、大川総裁はすべて満点のトップで合格する。「川島中学校開校以来の秀才」「地域で五十年に一人の秀才」と中学校側を驚かせた。

4 中学時代

一九六九（昭和四十四）年四月、大川総裁は新入生総代として入学式に臨む。式辞は父親が巻紙に毛筆でしたためた。

中学時代は、まず勉強面で圧倒的な突出を見せた。学校の成績が常にトップだったばかりか、全国的なテストでも何度も一位を獲得し、職員室中を驚かせた。川島中学でも同級生だった湯浅雅人さんは語る。

「中学のときは、大川総裁の成績は全部トップでした。勉強では絶対かなわないと思いましたね」

小学校、中学校と大川総裁と同級生だったFさん（男性・五十八歳）は、こう言う。

「隆法さん（大川総裁）はだいたいトップだったなあ。隆法さんはもう万年一番」

また、一学年上の枝沢幹太《えだざわみきた》さん（五十九歳）も語る。

「彼（大川総裁）は実際、成績は学年で一番を譲ったことがない。たぶん百点以外取ったことがないんじゃないだろうか。中学一年生のときからずば抜けていました。あの頃は朝礼のときによく賞状の表彰とかがあって、読書感想文で県の優秀賞に入った人なんかが賞状を授与されていたけど、彼は表彰の常連でした」

さらに枝沢さんは、当時の大川総裁の学力は高校レベルだったのではと言う。

「中学三年生の頃、数学の授業中に先生が、『彼（大川総裁）は、この答えに辿り着くにはいろいろな方法があって、これこれこういう方法もあるのではないですか？　と言ってくるんだ。もう中学生のレベルをはるかに超越しとる。だからわしもたじたじになるんや』と言ってました。授業で分からないこと、疑問に思ったことは、どんどん先生に質問して突っ込んでいくタイプでした。何事にも一生懸命で、馬鹿正直なくらい真剣に取り組んでいました。とにかく手を抜かない。僕が中学で見た彼はそんな印象でしたね」

中学時代は、生徒会長やテニス部のキャプテン、校内新聞の編集発行責任者なども務めている。

テニス部では、週に六、七日練習し、夏休みは一日に二回練習するなど、三年間、熱心に打ち込んだ。頭脳派プレーで、コントロールがよく、球が狙ったところに必ず入る。郡大会では、隣の鴨島第一中学校のキャプテンチームと対戦し、すべてのゲームでデュース・アゲインに持ち込んだ末に負けた。しかし、その鴨島一中チームがその後の県大会で優勝したので、それだけの強豪をてこずらせるほどの実力があったことを示した試合だった。

生徒会長には、全校生徒の選挙で選ばれた。同級生の阿部妙子さん（五十八歳）は当時を振り返って言う。

「生徒会長は彼（大川総裁）しかあり得ないという感じの雰囲気でした。選挙には各クラスから一名ずつ、四名が出ていたかなあ。選挙の結果はもう分かっているような感じでしたけどね」

同級生だったFさんも当時のことを記憶している。

「隆法さんが生徒会長だったことは覚えています。よく人前で話していたなあ。何と言うか、統率力がありそうな感じだった。思っていることをはっきり言ってましたね」

学校の代表として、郡部のスピーチ大会への出場要請を受けるなど、演説面での才能も発揮した。大川総裁の一年前の代の生徒会長だった枝沢さんは語る。

「彼（大川総裁）は大勢の生徒たちの前でも言葉が詰まるなんてことはない。正々堂々とした言い方でした。そのときの演説の内容は、『中学校をこういうふうに改革したい』というようなことだったと思いますね。みんな、聞き入ってしまうんです。彼は何を話しても人を納得させる力がすごかった。

たたみかけるというのではなく、理論立てて、『こうこうこうだから、こうなって、こうなるでしょう』と説得してしまう。しかも冷静で、とてもはっきりと物を言う。一つひとつの言葉に、『彼が言うんだったら、しようがない』と思わせる説得力のようなものがありました」

中学三年生のとき、大川総裁は隣町の中学校から、生徒会が発行する学校新聞の作り方の指導を懇願《こんがん》された。川島中学校から隣町の中学校に転勤した国語の教師からの依頼だった。大川総裁は、生徒会発行の「川島中学新聞」の編集責任者でもあり、その名編集ぶりが他校に響きわたっていたのだ。当時、その隣町の中学校に在学していたSさん（男性・五十八歳）も、「うちの中学でも、ものすごく有名でした。うわさが轟《とどろ》いていましたからね」と語る。

高校受験を目前にして、大川総裁は、志望校を徳島県下随一の進学校、徳島県立城南《じょうなん》高校に定める。当時、城南高校のある徳島市では、総合選抜制度が始まっており、入試の成績が上位十パーセントの生徒は希望校に入れるが、残り九十パーセントは自宅から通える市内の生徒優先の抽選方式だった。そこで、猛勉強して、市外の生徒としてはトップの成績で城南高校に合格した。

一九七二（昭和四十七）年三月、川島中学校を卒業。卒業式には卒業生総代として答辞を読んだ。

5 高校時代

一九七二（昭和四十七）年四月、徳島県立城南高校に入学。この頃、明確に東大進学を意識し始め、猛勉強に拍車がかかる。

阿波川島駅から徳島駅を経由して、城南高校のある二軒屋《にけんや》駅まで、往復二時間半の汽車通学は貴重な勉強時間だった。右に左にと揺れる車中で立ったまま、右手に英語の参考書を、左手にクラウンの辞書を持ち、万年筆を指のまたにはさんで、英文法や英文解釈の問題に取り組んだ。朝の通学に使った汽車は、七時十分、阿波川島駅を出る国鉄徳島線。湯浅雅人さんは、中学卒業後、大川総裁とは別の高校に通うことになったが、同じ汽車のなかで大川総裁を見かけることがあったという。

「高校は別々になりましたが、通学に使った汽車は同じでした。ディーゼル機関車が先頭についていて、昔、デゴイチ（D51型蒸気機関車）などが引っ張っていたような客車が八両編成ぐらいでした。座席は硬い木でできていて、向かい合わせになっていましたね。この汽車に、大川総裁はこんなに厚いカバンを（両手で十五センチから二十センチぐらいの幅を示して）持って乗り込んでいました。全部の本を入れているみたいで、パンパンに膨らんでいました。あんなカバンを持っている学生なんていないでしょう。空席があれば座って、カバンをひざの上に置いて机代わりにして、本を読み始めていました。

とても話しかけることなんてできなかったですよ。帰りの汽車でも見かけましたが、やはり本を開いて勉強していました。僕が記憶する高校時代の大川総裁の姿は、いつも下を向いて本を読んでいる姿だったんです」

高校一年生の時点で、クラストップの成績、国語では通信添削で六回連続全国一位を取る。一、二年生のときの中間テストや期末テストは、全教科平均九十五点以上。特に国語と英語が得意で、百点を連発し、周囲を驚かせた。二年生のときに大学入試の模試を三回受け、国語はすべて全国十位以内に入っている。

高校二年時で理系クラスに進学、理数系にも能力を発揮した。微分・積分が得意で、特に積分がよくできた。駿台模試の生物の試験では百点満点を取り、全国一位になったこともある。三年生で志望校を東京大学法学部に定めて、再び国立文科系のクラスに替わった。

勉強とは別に、英語で、ジョージ・オーウェルの『動物農場』『1984年』、ヘミングウェイの『キリマンジャロの雪』、アガサ・クリスティの『そして誰もいなくなった』『オリエント急行の殺人』などを読み始めた。

二年生から三年生にかけては、米誌タイムや米誌ニューズウィークをアメリカから航空郵便で入手し、実用英語にも触れ始める。また、二年生が終わった春休みに、英文法の先生に勉強の仕方を相談したところ、「東大受験なら、英字新聞を読め」と言われ、朝日新聞の英語版「朝日イブニングニュース」を毎日の汽車通学中に読むことにした。当時、川島町で英字新聞の購読者は大川総裁ただ一人で、隣の鴨島町の配達所から片道三十分をかけて新聞配達の少年が届けてくれた。

勉強は、高校時代も離れで続けた。当時から、離れの近所に住んでいる後藤田《ごとうだ》誠二さん（六十五歳）は語る。

「夜の十二時、一時までも一生懸命勉強して、すごい人でした。ずっと後になって、お母さんが僕のところに、『廃品回収に出す』と言って、離れにあった本を持ってきたんですが、難しい本ばかりで、リヤカー十台分はありました。学校の勉強以外に本も読んでいたんだから、すごいです」

生家は中学三年生のときに、木造から鉄筋コンクリート二階建てに建て替えられ、その二階にも勉強部屋がつくられた。そこで勉強しているときも夜遅くまで灯りが点いていたと、当時から生家の裏手に住んでいる市川浩二さん（八十一歳）は語る。

「一番印象に残っているのは、うちの二階から、大川総裁の家が見えるんですが、その二階（大川総裁の勉強部屋）に夜通し電気が点いていたことです。大川総裁がよく勉強されているんだなと思いました」

二年生のとき、大川総裁と級友だった人がいる。庄野隆章《しょうのたかあき》さん（五十七歳）だ。庄野さんは現在、幸福の科学の信者でもある。

「高校一年の途中から、ものすごく必死で勉強している一年生がいるといううわさが聞こえてきたんですね。汽車のなかで立ったまま勉強している学生がいると、友達の間でも有名になっていました。それが大川総裁でした。

真面目なんですが、とっつきにくいという感じはまったくなかったですね。

私の席が大川総裁の席の前だったことがあるんです。お昼はみんなお弁当だったんですが、ある昼どき、つんつんと後ろから、大川総裁が私の背中をつついたんです。『どうしたんや?』って後ろを振り向いたら、大川総裁が、『ちょっと見て』と言いながら、大きな梅干を口に放り込むんです。すると、白い顔がぱあっと真っ赤になったんです。私を笑わせようとしてくれたんですね。大川総裁はよく面白い冗談を言ったりして、和《なご》ませてくれました」

高校時代は、大川総裁は剣道部に入部し、文武両道の生活でもあった。月曜日から土曜日まで週六日、一日も欠かさず稽古に出た。庄野さんも同じ剣道部員だった。

「剣道部では、大川総裁ともよく練習試合をしました。すごく気合いが入っていました。とても真剣に向かってくるんです。大川総裁と向き合ったとき、防具の面の奥に見える真剣な眼差しに圧倒されました」

一九七五(昭和五十)年三月、大川総裁は、松柏賞《しょうはく》という優等賞を受賞して徳島県立城南高校を卒業する。松柏賞は、「高校三年間の九学期において、『五段階評価の通信簿で平均四・五以上』という基準点を一度も外さず、九回連続して平均四・五以上を取った」「実力テストで、三年間ずっと上位にいた」という二つの条件を満たした者に贈られる賞だった。

6 東大駒場時代

高校卒業後、大川総裁は、東京大学へ進学する。

一九七五（昭和五十）年の暮れに行われた大手予備校の東大入試模擬試験で、文科一類（法学部）なら上位一割以内、文科二類（経済学部）、文科三類（文学部）ならトップかそれに準ずる成績で合格できるとの判定を得、東大入試本番では、この点数を三～四十点上回る高得点を取って合格した。

四月、東京大学文科一類に入学。東大では、一、二年生は全員、教養学部に所属し、駒場キャンパスに通う。大川総裁は、井の頭線東松原駅から徒歩三分ほどのところにある個人宅に下宿した。戦前に建てられた木造二階建ての二階の角の一間を借りたが、その部屋には、クーラーはもちろん、テレビも冷蔵庫も洗濯機もなく、扇風機さえもなかった。

そんな環境下で、大川総裁は猛烈に読書を始める。法学、政治学、社会学、歴史学、哲学、社会思想史、経済学、経営学、自然科学、国際関係論の勉強のみならず、英語やドイツ語の原書にも手を出し、シェイクスピアやスタインベックなどの難解な英語の文学までも原書で読みふけった。

大学一年生の一学期間、朝日新聞を一面から最後まで、隅から隅まで読み、新聞用語をすべて掌握する。また、この年に発刊された、渡部昇一氏の『知的生活の方法』から、「身銭《みぜに》を切って本を買う習慣をつける」という考え方に影響を受けた。

この年の夏休みに不思議な体験もする。和歌山県高野山に登ったとき、弘法大《こうぼうだい》師《し》を祀《まつ》ってある奥の院に向かう参道を歩いていると、自分が超能力者になって仕事をする未来のビジョン（幻視《げんし》）を見たのだ。

また、教養学部時代には、散策を日々の習慣とする。下宿近くには羽根木《はねぎ》公園や、その奥に梅ケ丘の町が広がっていた。公園の丘の上には梅林があり、そのあたりを、西田幾太郎《きたろう》の「哲学の道」に模して、回遊するコースを決め、夕方頃、一時間ほど散歩した。ギリシャの哲学者プラトンの霊界思想や、西田幾太郎の「純粋経験」や「見性《けんしょう》」について想いを巡らせたりするなど、思索にふけり、思考を深め、まとめていった。こうした時間のなかで、小恍惚感《しょうこうこつかん》とも言うべき至福の感覚を何度も体験する。天から思想のようなものが、インスピレーション的に降ってくることもあった。

また、この頃、バスや電車に乗っていると、白く大きな「永遠」の二文字がまぶたに浮かんでくるという現象も体験している。すでに宗教家の卵となるための精神的目覚めが始まっていた。

7 東大本郷時代

大学で一番関心を持ったのは、政治思想、とりわけ政治哲学である。駒場キャンパスでは篠原一《はじめ》教授の「ヨーロッパの政治」の授業を通年講義で受け、佐藤誠三郎教授から政治学を学び、ヘーゲルの政治哲学のゼミ（谷嶋喬四郎《やじまきょうしろう》教授）に入った。

三年生になると、専門学部である法学部（本郷キャンパス）に進む。その直前の春休み、国際政治ゼミ（篠原一教授）に入るための課題として、「ハンナ・アーレントの価値世界について」という政治哲学の研究論文を提出した。当時、日本にはまだアーレントに関する研究書がなく、翻訳書も少なかったにもかかわらず、ドイツ語的で難解と定評だった英語の原書で全著作を読破して書き上げた。作成期間はわずか二週間だった。

論文について、友人（現在、東大政治学教授）は「あまりに難解で、理解を拒絶している」と驚愕。担当の篠原教授は、「マチュアー（成熟している）ですね。君は学者になれば大活躍できるだろう。この論文も、序文を書き添えて、内容を倍ぐらいに引き伸ばせば、法学部卒業後、助手が三年後に書く助手論文（博士論文程度）の合格レベルをすでに超えている」と評価した。

東大では法学部を卒業すると、三年間の助手制度があり、助手になって三年後に論文を書けば、助教授（准教授）になることができた。大川総裁は大学三年生の時点で准教授のレベルを認められたことになる。

その一方で、篠原教授から法律の勉強をするよう勧められ、本郷の図書館で法律の勉強に励む。成績は相変わらず上位だった。

一九八〇（昭和五十五）年、大学四年生に上がる頃、司法試験の準備をするために予備校に半年間通い、毎月のように最高得点答案を書いた。その答案は、コピーされて東京都内に出回り、多くの受験者たちの手本となった。司法試験では短答式試験は合格点を十点ほど超えて合格したが、論文式試験で実務家的答案ではなく、学者的答案を書いたために不覚を取る。

記憶力は驚異的で、憲法や民法など、暗記した条文は三千条に及び、判例まで覚えた。本郷にいる間に、法学部1類（私法コース）、2類（公法コース）、3類（政治コース）のすべてを履修。力が余って、経済学部、経営学部、文学部の科目にも手を出している。

そんな折り、「チチ、キトク、カエレ」の電報が届き、郷里・徳島へ飛ぶ。父親は胃潰瘍《いかいよう》だったが、この時点で、学問で身を立てることを断念し、一家の生計を考えて、就職の道を選ぶ。ある総合商社の人事担当者から三顧《さんこ》の礼で入社を勧められ、スタンフォード大学のMBA取得者である常務からも懇願されたため、日本銀行への推薦を辞退して、その総合商社への入社を決めた。

就職先も決まり、大学卒業をひかえて、大川総裁はヒルティの『幸福論』やハイデガーの『存在と時間』を読むようになり、「思想家になりたい」という思いが込み上げてくる。そして、人生の疑問に答えるべく、哲学や宗教の書物を次々と読み進めた。

十二月頃、朝起きて、洗面所で鏡を見ると、目がテカッと底光りして、光沢のようなものが出ていることに気づく。霊眼《れいがん》が開いたのだった。霊眼とは、オーラや霊体など霊的なものが見える眼であり、この世に生きている人の念波《ねんぱ》が強ければ、その人の姿もありありと見えるという。そして、自分自身の後頭部から黄金色のオーラが出ていることも分かった。

年が明けて、一、二月ぐらいから、さまざまな現象が前兆的に起き始める。夕方、道を歩いていると、両脇を支えられるような感じで、体がふわっと浮き上がりそうになる。足が浮いてくる感じになり、爪先立ちで千鳥足のようにして歩かなければならないぐらいだった。何か大変なことが始まりそうな予兆であった。

8 霊的覚醒

東京大学卒業と総合商社入社が目前に迫った、三月二十三日。春の陽射しがやわらかい、その午後のことだった。

「今日は何かがある」という胸騒ぎが起こり、胸のなかに熱いものが感じられた。下宿の自室のなかに目に見えないものの気配を感じ、誰かが自分に話しかけようとしているという気持ちに打たれ、急いでカードと鉛筆を用意した。

すると、鉛筆を持つ手が、まるで生きもののように動き始める。

「イイシラセ、イイシラセ」

そうカードに何枚も書き始めたのだ。大川総裁は、「高級霊が来た」とはっきり分かった。

「おまえは、何者か」と尋ねると、「ニッコウ」と署名する。日蓮六老僧の一人、日興《にっこう》による自動書記という霊的現象が起きたのだった。

これが大川隆法総裁、霊的覚醒の瞬間であった。自身の身で、あの世があり、霊的存在があり、人間が不滅の生命であることを知ったのだった。

霊的覚醒の日からしばらくして、今度は日蓮宗の開祖・日蓮による自動書記が始まり、日蓮と四六時中コンタクトして質疑応答を交わすようになる。

最初に日蓮や日興が現れた理由は、父親の過去世《かこぜ》が日蓮の六老僧の一人、日《にち》朗《ろう》上人であるために、縁のある日蓮宗系の霊人たちが出てきていたのだと、後日、判明する。

一九八一（昭和五十六）年六月、イエス・キリストが大川総裁に降臨し、初めて「霊言」の形をとって語り始めた。出張で上京してきていて、その場に立ち会った父親も絶句するほど驚愕した。

七月には、大川総裁の潜在意識の宝庫が開かれ、ゴータマ・シッダールタ、すなわち釈尊が降臨する。そして、大川総裁は、自身が釈迦の魂グループの中核で、

「エル・カンターレ」という霊存在であることを自覚した――。また、その使命は、仏法の流布《るふ》による一切の衆生救済であり、その役割は、愛と慈悲と信仰を象徴する「阿弥陀如来《あみだにょらい》的側面（救世主的部分）」と、悟りと修行と霊界の秘義《ひぎ》を象徴する「大日《だいにち》如来的側面（仏陀の本質的部分）」とを併せ持った釈迦大如来であることを知った。

ニューヨーク本社勤務も含めた六年間の商社時代の激務のなか、同時に二十四時間、霊界通信を受け続け、『日蓮聖人の霊言』『空海の霊言』『キリストの霊言』と、続々と霊言集を刊行した。それは忍耐の時代であり、また、幸福の科学を立宗《りっしゅう》するまでの雌伏《しふく》の時代でもあった。

9 世界宗教を目指して

一九八六（昭和六十一）年七月十五日、大川総裁は総合商社を退社し、十月六日に幸福の科学を立宗。そして十一月二十三日、幸福の科学発足座談会として初めて法を説いた（初転法輪《しょてんぽうりん》）。

一九八七（昭和六十二）年三月八日、東京・牛込公会堂で初めての講演を行う（第一回幸福の科学講演会）。このとき、大川総裁は基本教義である、「愛の原理」「知の原理」「反省の原理」「発展の原理」の四原理を「幸福の原理」として位置づけた。さらに講演のなかで、幸福の科学の基本戦略を発表。最初の三年間（一九八七～八九年）は学習団体として、法の基礎づくり、講師養成、運営方法の確立に専心し、その後（一九九〇年～）は大発展に向けての伝道に切り換えるという方針だった。

大川総裁の講演会は毎年開催され、参加者は拡大し続けた。一九八八（昭和六十三）年の日比谷公会堂では二千人収容の会場から人があふれ出し、翌年には、八千五百人収容の両国国技館が満杯、さらに、その翌年には一万数千人収容の千葉・幕張メッセ展示場が満員となった。

一九九一（平成三）年三月七日、幸福の科学は宗教法人格を取得する。本尊は、エル・カンターレである。七月には、東京ドームに五万人の幹部信者が集い、初めての「御生誕祭」が挙行され、大川総裁は「エル・カンターレ宣言」を行い、大《だい》乗《じょう》の仏陀としての全人類救済の使命を明らかにした。宗教法人格取得のこの年に、幸福の科学は日本最大規模の宗教団体となっている。

九月、日本のマスコミ界が流す精神的公害を一掃するための正義の戦い、「希望の革命」が始まる。十二月に東京ドームで開催された「エル・カンターレ祭」では、信者総数五百六十万人を突破、事実上、日本一の宗教団体宣言がなされる。

一九九二（平成四）年、九三（平成五）年と、仏教路線での教義の基礎固めがなされ、衛星中継を通じて、全国同時開催の講演会が大々的に挙行。信者数は一千万人に向けてますます増大の一途を辿った。

一九九一年からの三年間で、幸福の科学はエル・カンターレを中心とする信仰団体として確立。九四（平成六）年から、「ビッグ・バン計画」を開始し、信仰から伝道へ、活動はますます活発化し、世界宗教への道を歩み出す。

以後、世紀を超えて、大川総裁は、地球の歴史上、最高の仏陀、最大の救世主として、全世界の人々に救済の手を差し伸べ続けている。その歩みは今も止まることはなく、幸福の科学は、世界宗教への道を歩み始めている。

終章

「幸福の科学」は世界三大宗教を超えられるか

世界宗教とは、民族や国の垣根を超えて、世界的規模で広がっている宗教のことである。なかでも世界三大宗教と呼ばれているのは、成立順に、仏教、キリスト教、イスラム教である。

幸福の科学は、それらに続く「第四の世界宗教」を目指している。既存の三大宗教を否定し、排斥するのではなく、それらを受け入れ、大川総裁の説く地球的仏法真理のもと、一つに統合していくことを目標としている。

幸福の科学は、二〇一四年現在、立宗《りっしゅう》二十八年目にして、全世界約百カ所に支部・拠点を有し、信者は百カ国以上に広がっている。海外の信者数は約百万人であり、そのなかには、仏教徒、キリスト教徒、イスラム教徒も含まれている。つまり、日本から、新しい世界宗教が生まれる可能性が大きくなってきている。

ここで、仏教、キリスト教、イスラム教を学んできた三名の外国人信者に、幸福の科学（国際呼称「ハッピー・サイエンス」）のどこに惹《ひ》かれたのか等を訊《き》いた（なお、いずれのインタビューも、現地の言葉で行い、日本語に翻訳したものである）。

1　外国人信者たちの証言

（1）再誕《さいたん》の仏陀に帰依したネパールの大僧正《だいそうじょう》

「自分の心をもっと磨きたい」と思い、ハッピー・サイエンスに入会

釈尊生誕の地ネパールは、仏教が盛んな国であり、人々の間で転生輪廻《てんしょうりんね》が深く信じられている。「仏陀が日本に再誕《さいたん》している」という事実が驚きとともに伝えられ、爆発的にハッピー・サイエンスの入会者が増えている国の一つだ。もちろん、そのなかには、在家の仏教徒だけでなく、出家僧も多数含まれている。

ギャニ・バジュラ・ラマ氏（八十二歳）も、そのなかの一人だ。ラマ氏は、ネパールにおけるチベット仏教の総本山的位置づけである「ボダナート寺院」の大僧《だいそう》正《じょう》（最高位僧侶）である。今回、現地スタッフの協力を得て、ボダナート寺院の境内《けいだい》地にある同氏の自宅で特別にインタビューを行った。

「私は、十二歳の頃、僧侶になるための勉強を始めました。もともと僧侶の家系で、先祖はチベットからネパールに移住してきました。その先祖に続いて自分もボダナート寺院の責任者となるべく、勉強を開始したのです。高校を卒業後、出家して僧侶になりました」

読経《どきょう》や儀式などに打ち込む日々。そうして四十六歳のとき、ラマ氏は、同寺院の六代目の大僧正になった。では、どのようにしてハッピー・サイエンスに出合ったのだろうか。

「二〇〇八年頃、日本を訪問したとき、同じネパール人で、ハッピー・サイエンスのメンバーだったS氏から声を掛けられ、当時の駐日大使だったヨンジャン・タマン氏とともに、総本山・正心館《しょうしんかん》や総本山・那須精舎《しょうじゃ》に参拝しました。そのとき、ハッピー・サイエンスに出合ったのです。

そこで、ハッピー・サイエンスの心の教えを学んだのですが、私は、『この教えをもとに、自分の心をもっともっと磨きたい』と思いました。また、『世界を救う』という志にも、心が惹かれました。非常に宗教的な幸福感を感じた私は、『ここでずっと修行をしたい』と思い、総本山・那須精舎の大ストゥーパで、ハッピー・サイエンスの三帰誓願《さんきせいがん》をしたのです」

マスター・オオカワは「世界に幸福を与える存在」

「私は、もともと宗教的な人間ですが、ハッピー・サイエンスに出合って、私の心はすごく光って、もっと宗教的になったと思います。

数多くある本のなかで最も感銘を受けたのは、根本経典の『仏説《ぶっせつ》・正心法語《しょうしんほうご》』です。特に、『他人に対して理解をし　自分に対しては反省せよ』という、仏の言葉に感動しました。私にとって、マスター・オオカワは『世界に幸福を与える存在』です。与える愛の教えを教えていただいているので、私は、仏陀であると同時に、愛の神様でもあると思っています」

最後に、ハッピー・サイエンスへの期待について訊いた。

「昔の人々は宗教的でしたが、現代の若者は信仰心を失っていっています。ハッピー・サイエンスは、現代人にふさわしい教えを説いています。ハッピー・サイエンスの教えが世界に広がることによって、人々は信仰心を深め、この地球は平和と繁栄で満たされるだろうと思います。ハッピー・サイエンスには、世界宗教になってほしいと願っています」

（2）幸福の科学の伝道師になった元クリスチャン

「イエスの教え」と「キリスト教徒たちの振る舞い」とにギャップを感じた

ブライアン・ライクロフトさん（四十三歳）は、一九七〇年、アフリカ最南端のキリスト教国・南アフリカ共和国に生まれた。同国のナタル大学卒業後、世界的な会計事務所に勤務。その間、税務の修士号を取り、以後クワズル・ナタル大学

で講師を務めた。三十六歳のとき、幸福の科学の職員となり、現在は、オセアニア本部長心得《こころえ》兼オーストラリア正心館館長として国際伝道を牽引している。

そのブライアンさんは、幸福の科学とどのように出合ったのだろうか。

「私は、子供時代、キリスト教徒として教会に通っていましたが、十二、三歳の頃、引っ越しをきっかけに教会に通うのをやめました。イエスの教えは好きだったのですが、引っ越し先での教会の居心地がよくなかったのです。若い人の集まりに行ったときのことですが、霊が降りてきて、訳の分からない言葉をしゃべったり、意識をなくしたりするのを見て、とても奇妙な印象を受けました。

それに、教会に来ている人たちが、『イエスを信じることによってのみ救われる。信じない人は永遠に地獄へ堕《お》ちる』と言っていることが、受け入れがたかったのです。自分と同じ信仰を持っていない人たちを見下《みくだ》しているように思えたし、他の宗教に対する寛容さが感じられなかったのです。

その頃から、私は、『キリスト教徒と呼ばれる人たちの振る舞い方と、イエスの愛の教えとの間には、大きなギャップがある』と考えるようになりました」

『太陽の法』の教えの完璧《かんぺき》さに衝撃を受ける

やがて、大学を卒業したブライアンさんは、人生の目標を見つけるため、海外に出て見聞を広げる道を選んだ。二年間、ロンドンで働きながら、ヨーロッパの国々を旅したという。

「それは一九九六年のことです。なぜか、『世界をよりよくすることに貢献するような、何か、意味のあることを成し遂げたい』という気持ちが強くなってきたのです。私は、人生の意味を考え、真理を探し求めるようになりました。『キリスト教では明かされていない真理が、もっとほかにあるのではないか』と思うようになったのです。そうして書店に行っては、いろいろな本を探しました。とうとう仏教の本にも手を出しましたが、難しすぎてよく分かりませんでした。

そんな頃、当時、南フランスに、南アフリカの友人が住んでいたのですが、『その彼に会う必要がある』という直感が湧いたのです。そこで、ロンドンから南フランスまで自転車で一週間かけて行きました。

そして彼と会い、仏教の本を読んでいることを話すと、彼は、ロンドンの書店で購入したという一冊の本を取り出し、『君もこれを読むべきだ。これは、再誕の仏陀自身が書いた本なんだよ』と言って紹介してくれたのです。本のタイトルは、『The Laws of the Sun』（『太陽の法』英訳版）でした。

私は喜んで本を受け取り、すぐに読み始めました。とにかく教えが完璧《かんぺき》なことにとても驚きました。『魂を向上させるために、人間はこの世とあの世を何度も生まれ変わる』という転生輪廻の教えにしても、完璧に説明されていて、それ以上、疑問が湧いてこなくなったのです。『すごい。これこそ自分が求めていたものだ』と思いました。大川総裁が全編を自動書記で書かれた本だと聞いていますが、英語版で読んでも、強いインパクトがあったのです」

ブライアンさんは、その後、ロンドンに戻ってから、ハッピー・サイエンスの支部を調べ、支部長に会いに行った。そして、『黄金の法』『永遠の法』などの英語版の本を何冊か手に入れると、貪《むさぼ》るように読み続けたという。三カ月後、自ら入会を申し込んだ。一九九六年十月のことだ。

ところで、『太陽の法』には、二千年前、大川総裁の霊意識が、天上界からイエス・キリストを指導していたという事実が書かれている。これは、キリスト教徒にとって衝撃的な内容だが、当時、ブライアンさんには、どう見えたのだろうか。

「実は、それを受け入れることは、私にとって容易なことでした。なぜなら、私は『聖書』を読み、『イエスの言葉は、彼自身のものではなく、天におられる父が、彼を通して語ったものである』ということを知っていたからです。つまり、『イエスを導いた至高《しこう》の存在がいる』ということは、以前から信じていたのです。その存在の名前がエル・カンターレであるとは知らなかっただけなのです。

確かに、キリスト教徒の大多数にとって、『マスター・オオカワがエル・カンターレである』ということをすぐに受け入れるのは、困難なことかもしれません。

しかし、私の場合は、初めてハッピー・サイエンスの教えに出合ったとき、教え自体に関心を集中していました。そして、『教えの完璧さから見て、本に書かれていることは真実だ』と、ハートで感じたのです」

キリスト教徒たちに伝えたい「幸福の科学の教え」とは?

イギリスから南アフリカに帰国したブライアンさん。当時、南アフリカには、実質的なメンバーはブライアンさんしかいなかった。しかしながら、そうした孤独な状況のなか、独り立ち、仕事の傍《かたわ》ら伝道に励んだ。その後、二〇〇七年には幸福の科学の職員となり、自ら開拓した南アフリカの支部長などを歴任してきた。

入信以来、キリスト教国で伝道活動に取り組んできたブライアンさんに、幸福の科学の教えのなかで、特にキリスト教徒に伝えたい教えは何かを訊いてみた。

「まず、『私たちの本質は善であり、原罪はない』ということを伝えたい。西洋社会の多くの人々は、『人間は罪人《つみびと》であり、もし悔い改めなければ、永遠に地獄に堕ちる』というキリスト教会の教えに影響を受けてきました。彼らは罪の意識にとても苦しんでいると思います。特に、信仰心の強い人ほど、苦しんでいることがあるのです。たとえ社会に貢献している善人であってでもです。

最近、私が会ったニュージーランドの新入会員の女性もそうでした。私がこうした話をすると、彼女は突然泣き始め、『私の母は離婚したため、二十五年間も教会では、一番後ろの席に座らされ、聖餐《せいさん》に参加することも許されませんでした』と、頬に涙を流しながら語ったのです。私は、こうした罪の意識から、キリスト教徒たちを解放してあげたいのです。

次に伝えたいことは、一番目とやや似ていますが、『私たち人間は、みな、神の子である』ということです。世界には、人種や宗教、言語、国籍などの多様性があり、それが対立や争いを生んでいます。しかし、等しく神の子であると知ったならば、もっと自分や他人を大切にするようになるのではないでしょうか。

三番目は『智慧《ちえ》』です。キリスト教は霊的知識に欠けています。それが、今、救済力が落ちてきている原因でもあると思います。ですから、霊界の仕組み、この世とあの世の関係、私たちの心を支配している霊的な法則は何か、こうした智慧を伝えたいのです。

以前の私のように、キリスト教で明かされている真理だけでは満足できないキリスト教徒も大勢いるはずです。実際、オーストラリアでは、毎年、精神世界系のエキスポ『マインド・ボディ・スピリット・フェスティバル』が開催されていて、約七万人が集まる国内最大規模のイベントになっています。そして、私たちも、このエキスポに毎年参加していますが、大勢の人がハッピー・サイエンスのブースを訪れ、入会者もたくさん誕生しているのです」

ちなみに、現在オーストラリアでは、大川総裁の二回の講演会（二〇〇九年と二〇一二年）やオーストラリア正心館の落慶《らっけい》（シドニー市内・二〇一一年）、映画「神秘の法」劇場上映（二〇一二年）などにより、幸福の科学の認知度と社会的信用も高まってきているという。ブライアンさんは、こんな話も紹介してくれた。

「二〇一二年、マスターの講演会がシドニーで行われたとき、あるメンバーが、トニー・アボットという政治家をお誘いしたところ、参加することに非常に興味を示したそうです。結局、事情があって来られなかったのですが、『太陽の法』や『未来の法』などを献本しているので、マスターの本はきっと読んでいるでしょう。実は、その政治家は、現在オーストラリアの首相になっています」

（3）「寛容な信仰」に感動したイスラム教徒の学生
イスラム教の偏狭な部分に疑問を感じた

ムテング・ジュマさん（二十三歳）は、ウガンダの学生である。

ウガンダは、アフリカ中部に位置する人口約三千三百万人の国。国民のほとんどが、キリスト教やイスラム教など、何らかの信仰を持っている。そうした信仰心の篤《あつ》い国柄で、イスラム教徒として生まれ育ったジュマさんは、幼い頃から、アツラーに対する敬虔さと毎日の礼拝、そして、戒律を守ることを教わってきた。

ところが、成長し、セカンダリー・スクール（日本でいう中学・高校）に通うようになると、イスラム教に釈然としないものを感じるようになった。

「同じ学校の女子学生が、親に無理やり結婚させられ、突然、学校からいなくなることがよくありました。お金や牛などの対価が目的で、自分の娘を結婚させるような親も多かったのです。

また、イスラム教では他の宗教はみな間違っていると見ていて、同じウガンダ人でも、他宗教の人々は『異端』と考えています。『イスラム教徒以外はすべて拒否する』という偏狭な部分に疑問を感じるようになりました」

そんなとき、ジュマさんの通う学校に、ハッピー・サイエンスの職員が伝道にやってきた。校長の許可が下り、全生徒を対象に講堂で課外授業のようなものを開いてくれたという。それに参加して初めてハッピー・サイエンスの存在を知った。

二〇一二年二月のことだ。

ハッピー・サイエンスは、日本から来た新しい宗教で、マスター・オオカワは八百冊以上（当時）の本を書き、キリスト教やイスラム教、仏教を統合する教えを説いている――。

一人で本を八百冊？　宗教を統合する？　一体、どういうことなのだろうか。強い興味を覚えたジュマさんは、「もっと知りたい」という衝動に突き動かされた。「今度の日曜日、トロロ拠点でセミナーがあるから来ないか」と誘われると、数日後、その町まで一時間半もタクシーに乗って、一人で参加しに行った。

「そのセミナーに出て、本当に人生が変わりました。愛・知・反省・発展の四正《よんしょう》道《どう》を教わったのですが、それがすごくよかったのです。

自分は今まで、愛のある人間にならなければいけないと思っていたし、イスラムの教えのなかでは、それを実践してきたつもりでした。しかし、セミナーのなかで反省する時間があって、自分を振り返ってみると、実は、『あれが欲しい』『これが欲しい』と、人からもらうことばかり考えていたことに気づいたのです。

そこで、私は、『もっと他の人に与えていこう』『愛に生きよう』と決意しました。すると、心がとても落ち着いてきて、平和になってきたのです。自分の心が自由になって、何か縛りから解放されたような感覚がありました」

教えに触れて自分が変わったという感覚。それは、教えへの確信につながり、さらには、教えを説く師への信頼につながる。ジュマさんは、「主エル・カンターレは、地球の至高神であり、中東ではアッラーと呼ばれる存在でもある」という説明に対しても、素直に信じることができたという。

「他の宗教の人々もすべて参加できる寛容な信仰があると知ったときは、喜びで心がいっぱいになりました。すべての人々が一緒に集えると思うと、本当に嬉しい気持ちになったのです」

こうして彼は、セミナーに参加したその日、迷うことなくハッピー・サイエンスのメンバーになった。

試練のなかで鍛えられたエル・カンターレへの信仰心

本物の教えに出合った喜び。それは、ジュマさんをして伝道へと駆り立てた。自宅に帰ってからわずか一週間の間に、母親を含め、五十名を超える人をハッピー・サイエンスのメンバーに導いたのだ。

ただ、すべてが順調にいったわけではない。それは、仕事の関係で離れて暮らしていた父親が、自宅に帰ってきたときに起きた。父親は、自分の知らない間に息子がハッピー・サイエンスに入ったことを知って激怒したのだ。「他の宗教を認めない」という、イスラム教徒としての立場もあったのかもしれない。

「『おまえをこの家には置いておけない。出ていけ！』と怒鳴られ、家を放り出されてしまいました。残されたのは、根本経典の『正心法語』と服だけ。その後、母から電話がかかってきて、『父が、怒りのあまり、（両親の家から少し離れた所にあった）私の家を燃やしてしまった』と聞きました」

恐る恐る帰って、燃えた自分の家を見たときは、あまりのショックで、泣きながら、その場を走り去ったという。それでも信仰を失うことはなかった。いや、むしろ、試練のなかで鍛えられ、強くなっていった。ジュマさんは語る。

「助けてくれた友人の家で、マスターの本を読んだり、ハッピー・サイエンスの友達と話したりするうちに、『どんな苦しいときも、主エル・カンターレは、私たちとともにあってくださる。だから、自分は大丈夫だ。愛を与える側に立とう』と思えるようになりました。父に対しても、最初は、確かに恨む気持ちもありましたが、次第に、幸せを祈れるようになったのです」

そうして数カ月が経ち、自宅に戻ってみると、なぜか父親は別人のように穏やかになっていて、ハッピー・サイエンスを認めてくれるようになったという。

幸福の科学では、「自分の心が変わると、そこから発散される善念、善なるエネルギー、光が、他人を変えていく」という真理が説かれているが、ジュマさんは、まさにこの真理を、身をもって体験したわけだ。

そうこうするうちに、大川総裁のウガンダ巡錫《じゅんしゃく》のときがやってきた。ジュマさんが入会したその年の六月、ちょうど、首都カンパラで大川総裁の大講演会が開かれたのだ。当日は、多くの人を講演に誘い、自身はもちろん最前列で拝聴したという。

「マスターが登壇されたときは、もう信じられないような喜びでした。出《しゅつ》エジプトをしたユダヤ人たちが、カナンの地を見つけたときに感じた喜び以上のものだったと思います。本当に天国にいるかのような気分でした。やはり、マスターに直接お会いできたことが、信仰が深まる大きな機会になりました。光り輝くマスターの姿を見て、『この方こそ、救世主だ』と強く確信したのです」

ハッピー・サイエンスなら、宗教対立を乗り越えられる！

かつてイスラム教の教えを学んでいた一人として、ハッピー・サイエンスについては、どのように見ているのだろうか。

「エル・カンターレはアッラーなので、特に『コンバート（改宗）した』という感じはありません。『同じ神のもとで、ハッピー・サイエンスの側にいる』という感じです。

ハッピー・サイエンスの教えは、すべてを包み込んで、一つにするような教えなので、すごく魅力的ですね。バラエティーに富んだ教えで、寛容性に富んでいる宗教です。世界には宗教対立がたくさんありますが、ハッピー・サイエンスの教えは、絶対、それらを乗り越えられると思います。

イスラム教もキリスト教も一神教で、『自分のところの神こそが正しい』と言って争っていますが、マスターの法話にあった宇宙樹の話を聞けば、違いを超えられると思います。

私は、『エル・カンターレは地球の光である。イスラム教、キリスト教など、すべての宗教は、エル・カンターレという宇宙の樹の幹から分かれてきたもので、本来、同根のもの』という教えを学び、すべての疑問が氷解しました。だから、この宇宙樹の教えが大好きです。

アフリカの人たちにも、『エル・カンターレは地球神で、すべての愛と光の根源なのだ』という真実を知ってほしい。受け入れてほしい。

特に、アフリカには、愛の教えが必要だと思います。アフリカには争いが多いので、今こそ愛の教えが必要なのです。愛を与えることの大切さを伝え、『争いごとを乗り越えていこう。一つになっていこう』と訴えていきたいのです。

ハッピー・サイエンスは希望です。私は、この教えを隅々まで届け、幸せな人をたくさん増やしたい。伝道は、私の人生の一部であり、使命そのものです」

2 海外では幸福の科学はどう広がっているか

幸福の科学の国際伝道自体は、立宗して間もない一九九〇年前後から始まっている。九〇年七月、初めての翻訳書『The Laws of the Sun』（『太陽の法』英語版）

が発刊されると、海外に住む日本人信者の献本活動を中心として、海外でも、少しずつ現地の信者が誕生していった。

九四年一月には、海外初の支部となる「幸福の科学USA」（現ニューヨーク支部）が開設。それ以降、ソウル、ロサンゼルス、ハワイ、サンフランシスコ、ロンドン、サンパウロ、メルボルン、トロント等、世界の主要都市に次々と支部が開設された。それと同時に、翻訳書も続々と発刊されるようになり、現地の人たちへの伝道が加速していく。特にインド、ネパール、ブラジル、フィリピン、ウガンダ等では、熱烈な伝道師が誕生して入会者が急増していった。

こうした国際伝道の流れは、二〇〇七年より始まった「大川総裁による海外巡《じゅん》錫《しゃく》」によって、現在、さらに一段と加速している。

ここでは、「翻訳書」「海外巡錫」という視点から、幸福の科学がどう世界的に広がっているのか見ていく。

（1）人種や民族を超えて読まれる大川総裁の著書

二十七言語に翻訳されている経典群

大川総裁の著書は、外国語への翻訳が精力的に進められており、二〇一四年現在、二十七言語に翻訳されている。二〇一三年には、全世界で六十一冊の翻訳書が、幸福の科学出版（ＩＲＨ ＰＲＥＳＳ）および海外の出版社から刊行されている。

また、大川総裁の翻訳書は、世界各国でのブックフェアにも出展されている。二〇一三年は、世界十九カ国、計二十六回のフェアに出展され、毎回、大きな注目を浴びたという。

例えば、二〇一三年四月、ロシアでのブックフェアでは、三日間でロシア語版『太陽の法』等が五百冊以上も売れている。さらに、十一月、イスラム教国であるアラブ首長国連邦のブックフェアでは、アラビア語版の『アイム・ファイン』『常勝思考』等、約千冊が完売するほどの盛況ぶりだった。当時の様子は、現地の新聞

「アルバヤン」紙で紹介され、「(大川総裁の書籍と)他の似たような自己啓発系の書籍との違いは、著者のスタイルがシンプルで、人類の真実の世界とつながっているところだ」と評価されている。

二〇一三年八月には、ケニア教育省が選定する同国の公立校向けの推薦副読本二百五十冊のなかに、英語版『常勝思考』『不動心』『成功の法』の三冊が選ばれた。認定された三冊は、今年、ケニア全土にある七千五百の公立高校の図書館に、蔵書として並ぶことになっている。

「サッチャーの英語霊言」を海外の一流誌が紹介

日本国内で矢継ぎ早に発刊されている「霊言」。英語霊言の場合は全世界同時発刊されることもあるが、これも海外から関心を集めている。

例えば、米紙ニューヨーク・タイムズの国際版であるインターナショナル・ヘラルド・トリビューンは、二〇一三年六月、『サッチャーのスピリチュアル・メッセージ』

（和英対訳）を取り上げている。

“Maggie and the Medium”（マギー〈マーガレットの愛称〉と霊能者）と題した記事のなかで、「マーガレット・サッチャーの死後十九時間後、幸福実現党のリーダーであり、霊的対話者でもある大川隆法氏が、東京からイギリスの元首相にインタビューを行った」と紹介。同紙は、世界百六十四カ国で発行されているが、全世界に報じるに値するニュースと判断されたわけだ。

世界各国で上映されている「幸福の科学の映画」

また、海外で反響を呼んでいるものの一つに、大川総裁の著書を原作とした映画もある。大川総裁はこれまで八作の映画を製作総指揮しているが、いずれの作品も、劇場上映、テレビ放送など、さまざまなかたちで、世界各国に広く浸透していっている。

特に、仏教発祥の地インドとネパールで大ブレイクしたのが、映画「太陽の法」

（二〇〇〇年公開）と映画「仏陀再誕」（二〇〇九年公開）だ。映画をきっかけに、日本に仏陀が再誕していることを知り、入会する人が後を絶たなかったという。

また、幸福の科学ならではの霊界観を描いた映画「永遠の法」（二〇〇六年公開）は、ブラジルをはじめ、キリスト教圏においても、絶大な人気を博している。

直近では、信仰による奇跡を描いた映画「神秘の法」（二〇一二年公開）が、アメリカ、イギリス、台湾、韓国、香港、カナダ、ブラジル、オーストラリア、インド等、世界九カ国でも劇場上映されている。また、台湾、ネパール、ウガンダ、ガーナ、ベナン、ハイチ、ナイジェリアでは、テレビ放映もされている。

さらに、本作品は、公開の翌年、アメリカのヒューストン国際映画祭で、四千作品を超える応募作のなかから、劇場用長編映画部門の最高賞「スペシャル・ジュリー・アワード」を受賞。日本アニメ史上初の快挙となった。ほかにも、アメリカでは、パームビーチ国際映画祭、ダラス・アジア映画祭、スケネクダディ・アニメ映画祭で上映されている。また、ポルトガルのリスボン・アニメ映画祭では、「ベスト・オブ・ザ・ワールド・2013」（審査員がぜひ国民に見せたい作品）に選出。ドイツのハンブルグ日本映画祭、オランダのヨーロッパ仏教映画祭でも上映され、極めて高い評価を得た。

（2）世界各地で大反響だった「大川総裁の海外巡錫」

アメリカ・イギリス

大川総裁の海外巡錫は、二〇〇七年十一月、ハワイでの英語説法から始まった。演題は「Be Positive」（「積極的であれ」の意）。アメリカ人のキリスト教徒も参加するなか、大川総裁は、「エル・カンターレは、イエスが『わが父』と呼んだ存在である」と真正面から明言した。さらに、翌年は、アメリカ本土とイギリスにも巡錫し、立て続けに英語説法をしている。

海外伝道の前線に立ち、全身全霊で説法をする大川総裁の姿に奮い立つ人は多かった。最初の巡錫地ハワイに住む櫻井良恵さん（四十九歳・現カウアイ支部長）も、その一人だ。巡錫後、伝道への思いがやまず、単身オアフ島からカウアイ島に乗り込み、現地に根づいた伝道活動を展開。わずか数年で島民の一パーセントを信者に導いていているという。

韓国・台湾・オーストラリア

また、二〇〇八年は、韓国、台湾にも巡錫している。韓国では、北朝鮮との対立に触れつつ、愛と許しの大切さを説き、台湾では、国際情勢を分析しながら、台湾を繁栄させていく道を示した。

さらに翌二〇〇九年、オーストラリアでは、説法の冒頭、当時のラッド政権をいきなり〝叱り〟つけた。ラッド首相（当時）は、首相就任後初の外遊先として中国を選ぶなど、親中路線が目立っていた。それに対して、大川総裁は、唯物論・全体主義的思想に基づく国家との関係強化の危険性を指摘したのだ。

　すると、その二カ月後、ラッド政権は、防衛白書のなかで、中国の急速な軍備増強路線に対して明確な懸念を表明。それまでの中国重視の外交方針を事実上変更した。このように、大川総裁の説法は、人々の心の問題を解決するのみにとどまらず、その国の国論や政策までも大きく変えることがある。

ブラジル

　海外初の大講演会は、二〇一〇年十一月、ブラジルで開催され、スタンディングオベーションで迎えられた。大川総裁は一週間ほど滞在して五度の説法を行い、その最後となる説法を、

2010年11月14日　ブラジル（クレジカードホール）

南アメリカで最大規模を誇るクレジカードホールで行った。

講演当日は、日本語での説法で、ヘッドホンを通じてポルトガル語に同時通訳される形だったが、一般参加者の八割が入会。大川総裁の教えは、キリスト教徒が国民の九割を占めるブラジルにおいても熱烈に受け入れられた。

アジア・ミッション

二〇一一年には、アジア各国を巡る「アジア・ミッション」を敢行。

まず、二月から三月にかけて、大川総裁は、インドとネパールで四度の英語説法を行った。

ネパールの講演では、「私（仏陀）は再誕した」と明言。講演の内容は、ネパール国営放送と民放二局により全国テレビ生中継され、全ネパールに仏陀再誕の事実が伝えられた。

また、釈尊大悟《たいご》の地ブッダガヤでの講演では、四万人以上の聴衆が集まった。

過去ブッダガヤでの最大規模の動員はダライ・ラマの約二万五千人であり、大川総裁の講演は、同地での過去最大規模のものとなった。当日は、マハーボーディ寺院の管長や、寺院に参拝していた僧侶も多数参加し、講演後は、再誕の仏陀に帰依を誓う僧侶も数多くいたという。このブッダガヤ講演には、現地のマスコミ各社も注目し、二十社以上の新聞・雑誌・テレビが取材。説法がテレビで生中継されるとともに、翌日は各紙の紙面を飾った。

五月には、フィリピンと香港を巡錫し、新たなる福音と中華圏の自由な未来像を提示。特に、フィリピンでは、一般参加者の九割を超える二千百人以上がその場で入会するほどの反響ぶりだった。

引き続き九月には、シンガポールとマレーシアを巡錫。マレーシアの講演では、同国がイスラム教国であることを念頭に、「『コーラン』に出てくる神はエル・カンターレである」「あらゆる差別を乗り越える『新しい宗教』が必要」と訴えた。講演後、「マスターは宗教の枠を超えている」等の声が絶たず、一般参加者の半数が入会したという。

アジア・ミッション最終の地となったのは、スリランカだ（十一月）。スリランカは、仏教国といえども、仏陀再誕を信じない上座部《じょうざぶ》（小乗《しょうじょう》）仏教の国である。当日は、『仏陀再誕はあり得ない』と思っている僧侶はご遠慮ください」と断りを入れたにもかかわらず、会場には、柿色の袈裟衣《けさごろも》をまとった僧侶の姿も目立った。そして、集まった約一万三千人の聴衆を前に、大川総裁は、二千五百年前の仏教では説かれなかった「新しき悟り」を説いた。その力強い言魂《ことだま》に揺さぶられ、参加者の七割、一万人近い人がその場で入会したという。

また、現地の国営テレビなど約二十社が取材に来ており、その日のうちにテレビ局三局が講演をノーカット放送した。当日は、インドの新聞である「アージ」紙も取材に来ており、こうしたスリランカの人々の反応を見て、翌々日、「スリランカでも『仏陀再誕』が認められた」と一面で報じている。

ウガンダ

二〇一二年には、ウガンダで、アフリカ大陸初となる大講演会を開催。大川総裁は、アフリカ各地から集まってきた約一万人の聴衆を前に、「あなたがたは神の子である」と断言し、「今世紀の終わりにはアフリカの時代が到来し、その出発は許しから始まる」と英語で熱く訴えた。講演後、一般参加者の九割以上が入会した。また、当日の講演は、ウガンダ国営放送をはじめ、三局のテレビ局が同時中継し、ウガンダ全土で推定約五百万人が視聴。さらに、後日、国境を越えて、南スーダン、ガーナ、ナイジェリア、ベナンの四カ国でも全編放送された。アフリカ五カ国で、推定三千万人もの人々が、大川総裁の講演を視聴したとされる。

以上、幸福の科学が海外で広がっている様子を大まかに紹介してきたが、それ以外にも、幸福の科学の講師が、地元の大学や企業等でセミナーを開いたり、現地のテレビやラジオに出演したりするなど、精力的に布教活動を行っている。もちろん、信者たちの個別の伝道活動も世界各国で日々続けられている。

大川総裁と、その弟子たちの、こうした努力の結果として、唯物論国家の中国や北朝鮮まで含めた世界百カ国に信者が続々と誕生しているのだ。この動きは、今後ますます加速していくだろう。

3 世界三大宗教の統合を目指す「幸福の科学」の志

人類の課題――宗教対立の克服

最後に、「幸福の科学が、なぜ世界宗教を目指しているのか」について考えてみたい。
今、人類が抱えている大きな課題として、「宗教の対立」がある。
世界を震撼させた「9・11」のアメリカ同時多発テロ事件と、アメリカが「テロとの戦い」と称して始めたアフガニスタン戦争とイラク戦争。さらには、その後も続く、イスラム過激派によるテロ事件。これらの背景には、「キリスト教対イスラム教」の対立がある。

また、「ユダヤ教対イスラム教」という対立もある。これはイスラエルを巡っての争いだ。三千年前、モーセは、ユダヤの民を連れて出エジプトをなし、ユダヤの神より約束されたカナンの地に国を建てた。それが現在のイスラエルの地である。その後、ユダヤ民族は、ローマ帝国によって国を滅ぼされて流浪《るろう》の民となり、第二次大戦後、英米の支援を受けて、二千年ぶりにイスラエルという国を建国した。ユダヤ人にすれば、そこは神から約束された地だが、原住民のアラブ（イスラム教徒）から見れば、「勝手に土地を取られた」ということになる。そこで、一九四八年のイスラエル建国以来、四度にわたる中東戦争が起き、現在も紛争が続いている。

仏教も、宗教対立の渦に巻き込まれている。タイやミャンマーなどでは、仏教徒とイスラム教徒の武力衝突が何度も起きており、本来、不殺生戒《ふせっしょう》を守るべき仏教の僧侶も、身を守るべく武装することを余儀なくされているという。

こうした宗教に起因する争いは、今後、地球の人口が増加するに伴って、世界各地でますます増えていくことが予想されている。特に危ぶまれているのは、イスラエルとイランの対立だ。核開発をしているイランが、イスラエルと戦争を始めたならば、核戦争に発展する危険性があると言われている。

宗教対立を終わらせることのできる唯一の希望とは

終わることのない対立、憎しみ、争い。その根は深く、政治や軍事などの力でもって押さえ込もうとしても、押さえ切れるものではない。

要するに、お互いに、「自分たちの宗教だけが正しい」と信じ、ほかの宗教を悪魔の教えであるかのように考えている以上、その根本の考え方を変えない限り、最終的に解決はしない。それは、キリスト教やイスラム教などに見られるように、

「一神教」の立場に立っているからだ。

幸福の科学は、その価値観に対して、根本的な解決への道を示し、その考え方を変えられると確信している。

幸福の科学の信仰の対象である「エル・カンターレ」は、地球の至高神とされる。「至高神」とは、最高の霊格を持った存在であり、一神教や多神教の立場でもなく、地球における多くの神々を束ねる存在であるとされる。そして、この至高神エル・カンターレは、過去において、二千六百年前、インドに魂の分身を降ろし、ゴータマ・シッダールタ（釈尊）として教えを説いた。また、天上界より、イエス・キリスト、ムハンマド等を指導してきた。つまり、仏教、キリスト教、イスラム教などの世界の大きな宗教には、完全ではないにせよ、それぞれエル・カンターレの教えが流れている。そこで、大川総裁は、その教えのもとにすべての宗教を統合しようとしている。

幸福の科学では、「人類は、地球神エル・カンターレを信じるとき、宗教の違いを超えて、一つになることができる。そして、地上から争いをなくし、それぞれの国や民族の個性を生かしながら、ユートピアを創っていくことができる」と考える。

大川総裁は、海外巡錫を始めた翌年の二〇〇八年十二月七日の説法で、「夢の未来へ」と題し、以下のように述べている。

「私は、『不惜身命《ふしゃくしんみょう》』『われ命惜しからず』ということを合言葉として、真理を宣《の》べ伝えてきました。その結果、全世界で伝道の大きなうねりが起きてきています。

私たちの志は、遙《はる》かに遠いところを目指しています。

『私たちは全世界のことをいつも念頭に置いて活動している』ということを、どうか知っていただきたいのです。

すでに、幸福の科学は、日本の宗教ではなくなろうとしています。『日本国内の一宗教』という枠はすでに超えました。

これからが、私たちの本当の戦いです。戦いの火蓋《ひぶた》はすでに切られたのです。目標は『世界宗教の実現』です。

私たちが目指す世界宗教とは、『自らの勢力を誇示《こじ》するための世界宗教』ではありません。私たちは、『国境を越えて、世界の人々を救いうる力になりたい』と考えているのです」

「幸福の科学」はどこまでやるのか。それは、諸宗教を統合した新しい世界宗教となり、全世界の人々を救うところまでだろう。

「幸福の科学」はどこまでやるのか
― わずか20数年で世界規模になった宗教の真実 ―

2014年4月1日　初版第1刷

著　者　現代宗教研究会

発行者　本地川 瑞祥
発行所　幸福の科学出版株式会社
〒107-0052　東京都港区赤坂2丁目10番14号
TEL（03）5573-7700
http://www.irhpress.co.jp/

印刷・製本　中央精版印刷株式会社

落丁・乱丁本はおとりかえいたします

ISBN978-4-86395-451-9 C0014

［オビ］© IMaster-Fotolia.com　［本文 p106］写真：読売新聞 / アフロ

幸福の科学グループのご案内

宗教、教育、政治、出版などの活動を通じて、地球的ユートピアの実現を目指しています。

宗教法人　幸福の科学

一九八六年に立宗。一九九一年に宗教法人格を取得。信仰の対象は、地球系霊団の最高大霊、主エル・カンターレ。世界百カ国以上の国々に信者を持ち、全人類救済という尊い使命のもと、信者は、「愛」と「悟り」と「ユートピア建設」の教えの実践、伝道に励んでいます。

（二〇一四年三月現在）

愛

幸福の科学の「愛」とは、与える愛です。これは、仏教の慈悲《じひ》や布施《ふせ》の精神と同じことです。信者は、仏法真理をお伝えすることを通して、多くの方に幸福な人生を送っていただくための活動に励んでいます。

悟り

「悟り」とは、自らが仏の子であることを知るということです。教学《きょうがく》や精神統一によって心を磨き、智慧《ちえ》を得て悩みを解決すると共に、天使・菩薩《ぼさつ》の境地を目指し、より多くの人を救える力を身につけていきます。

ユートピア建設

私たち人間は、地上に理想世界を建設するという尊い使命を持って生まれてきています。社会の悪を押しとどめ、善を推し進めるために、信者はさまざまな活動に積極的に参加しています。

国内外の世界で貧困や災害、心の病で苦しんでいる人々に対しては、現地メンバーや支援団体と連携して、物心両面にわたり、あらゆる手段で手を差し伸べています。

年間約３万人の自殺者を減らすため、全国各地で街頭キャンペーンを展開しています。

公式サイト **www.withyou-hs.net**

ヘレン・ケラーを理想として活動する、ハンディキャップを持つ方とボランティアの会です。視聴覚障害者、肢体不自由な方々に仏法真理を学んでいただくための、さまざまなサポートをしています。

公式サイト **www.helen-hs.net**

教育

学校法人 幸福の科学学園

学校法人 幸福の科学学園は、幸福の科学の教育理念のもとにつくられた教育機関です。人間にとって最も大切な宗教教育の導入を通じて精神性を高めながら、ユートピア建設に貢献する人材輩出を目指しています。

幸福の科学学園

中学校・高等学校（那須本校）
2010年4月開校・栃木県那須郡（男女共学・全寮制）
TEL **0287-75-7777**
公式サイト **happy-science.ac.jp**

関西中学校・高等学校（関西校）
2013年4月開校・滋賀県大津市（男女共学・寮及び通学）
TEL **077-573-7774**
公式サイト **kansai.happy-science.ac.jp**

幸福の科学大学（仮称・設置認可申請予定）
2015年開学予定
TEL **03-6277-7248**（幸福の科学 大学準備室）
公式サイト **university.happy-science.jp**

仏法真理塾「サクセスNo.1」 TEL **03-5750-0747**（東京本校）

小・中・高校生が、信仰教育を基礎にしながら、「勉強も『心の修行』」と考えて学んでいます。

不登校児支援スクール「ネバー・マインド」 TEL **03-5750-1741**
心の面からのアプローチを重視して、不登校の子供たちを支援しています。
また、障害児支援の「**ユー・アー・エンゼル!**」運動も行っています。

エンゼルプランV TEL **03-5750-0757**
幼少時からの心の教育を大切にして、信仰をベースにした幼児教育を行っています。

シニア・プラン21 TEL **03-6384-0778**
希望に満ちた生涯現役人生のために、年齢を問わず、多くの方が学んでいます。

NPO 活動支援

学校からのいじめ追放を目指し、さまざまな社会提言をしています。また、各地でのシンポジウムや学校への啓発ポスター掲示等に取り組むNPO「いじめから子供を守ろう！ネットワーク」を支援しています。

ブログ **mamoro.blog86.fc2.com**
公式サイト **mamoro.org**
相談窓口 **TEL.03-5719-2170**

政治

幸福実現党

内憂外患《ないゆうがいかん》の国難に立ち向かうべく、二〇〇九年五月に幸福実現党を立党しました。創立者である大川隆法党総裁の精神的指導のもと、宗教だけでは解決できない問題に取り組み、幸福を具体化するための力になっています。

党員の機関紙
「幸福実現NEWS」

TEL 03-6441-0754
公式サイト hr-party.jp

出版 メディア 事業

幸福の科学出版

大川隆法総裁の仏法真理の書を中心に、ビジネス、自己啓発、小説など、さまざまなジャンルの書籍・雑誌を出版しています。他にも、映画事業、文学・学術発展のための振興事業、テレビ・ラジオ番組の提供など、幸福の科学文化を広げる事業を行っています。

アー・ユー・ハッピー?
are-you-happy.com

ザ・リバティ
the-liberty.com

幸福の科学出版
TEL 03-5573-7700
公式サイト irhpress.co.jp

THE FACT

ザ・ファクト
マスコミが報道しない
「事実」を世界に伝える
ネット・オピニオン番組

Youtubeにて
随時好評配信中!

ザ・ファクト　検索

入会のご案内

あなたも、幸福の科学に集い、ほんとうの幸福を見つけてみませんか？

幸福の科学では、大川隆法総裁が説く仏法真理をもとに、
「どうすれば幸福になれるのか、また、
他の人を幸福にできるのか」を学び、実践しています。

入会

大川隆法総裁の教えを信じ、学ぼうとする方なら、どなたでも入会できます。入会された方には、『入会版「正心法語」』が授与されます。（入会の奉納は1,000円目安です）

ネットでも**入会**できます。詳しくは、下記URLへ。
happy-science.jp/joinus

三帰《さんき》誓願《せいがん》

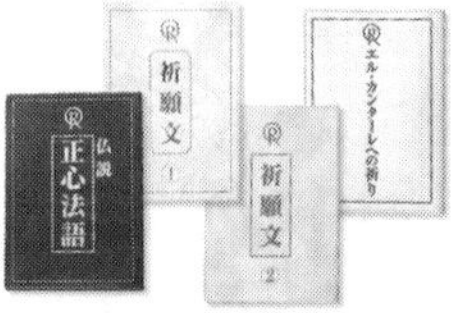

仏弟子としてさらに信仰を深めたい方は、仏・法・僧の三宝への帰依を誓う「三帰誓願式」を受けることができます。三帰誓願者には、『仏説・正心法語』『祈願文①』『祈願文②』『エル・カンターレへの祈り』が授与されます。

植福《しょくふく》の会

植福は、ユートピア建設のために、自分の富を差し出す尊い布施の行為です。布施の機会として、毎月1口1,000円からお申込みいただける、「植福の会」がございます。

「植福の会」に参加された方のうちご希望の方には、幸福の科学の小冊子（毎月1回）をお送りいたします。詳しくは、下記の電話番号までお問い合わせください。

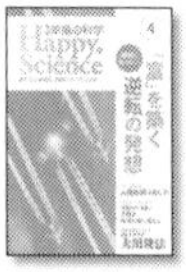

月刊「幸福の科学」

ザ・伝道

ヤング・ブッダ

ヘルメス・エンゼルズ

INFORMATION	幸福の科学サービスセンター TEL. 03-5793-1727（受付時間 火〜金：10〜20時／土・日：10〜18時） 宗教法人 幸福の科学 公式サイト happy-science.jp